家有分心儿：提高孩子专注力家长全攻略

方冬莲 著

天津出版传媒集团
天津科学技术出版社

图书在版编目（CIP）数据

家有分心儿：提高孩子专注力家长全攻略 / 方冬莲著. -- 天津：天津科学技术出版社，2020.10
ISBN 978-7-5576-8588-1

Ⅰ.①家… Ⅱ.①方… Ⅲ.①儿童教育－家庭教育 Ⅳ.①G78

中国版本图书馆CIP数据核字(2020)第151962号

家有分心儿：提高孩子专注力家长全攻略
JIA YOU FENXINER：TIGAO HAIZI ZHUANZHULI JIAZHANG QUANGONGLÜE
责任编辑：胡艳杰

出　　版：	天津出版传媒集团
	天津科学技术出版社

地　　址：天津市西康路35号
邮　　编：300051
电　　话：（022）23332695
网　　址：www.tjkjcbs.com.cn
发　　行：新华书店经销
印　　刷：天津盛辉印刷有限公司

开本 880×1230　1/32　印张 6.5　字数 100 000
2020年10月第1版第1次印刷
定价：59.00元

策划手记

破解 19 个孩子爱分心现象，提高学习专注力

为什么孩子总是无法静下心来认真写作业？

为什么孩子在课堂上一直小动作不断？

为什么孩子会出现厌学，甚至不愿意去学校的现象？

…………

这些大大小小的问题，成了大多数家长的烦恼。如果家长没有正确地认识这些问题，及时纠正孩子的这些不良行为，往往会影响孩子的学习效果，耽误孩子的一生。

而方冬莲老师的这本《家有分心儿：提高孩子专注力家长全攻略》，就给各位家长所烦恼的问题带来了正确的解答。

方冬莲，国家二级心理咨询师。她擅长对 3～13 岁儿童学习能力和专注力的评估训练、时间和行为管理、情绪管

理、亲子辅导，以及学习困难和分心儿童的教育干预和家庭指导。

方冬莲老师在如何提高孩子专注力方面有着十几年的专业经验，最终凝聚成这本《家有分心儿：提高孩子专注力家长全攻略》，为广大家长朋友们教育孩子提供专业指导。

这本书针对孩子在学习的过程中容易分心、注意力不集中的现象，从三个方面给出专业解答，让每一位家长看完此书，都能找到一个适合自己和自己孩子的教育方法。

在认知方面，方冬莲老师针对 19 个孩子在学习和日常生活中经常分心的现象给出了专业解析，帮助家长了解孩子分心的原因、危害、常见误区和科学的干预方法等。

在家庭教育方面，方冬莲老师给大家讲述了 30 个真实案例，深度分析其中的原因，给出解决方案，让阅读本书的家长更直观、更真实地学习到如何正确教育孩子。

最后，方冬莲老师分享了她在咨询时遇到的一些家长的亲身经历。

注意力不集中的孩子在接受专业训练后，不但改掉了坏习惯，而且学习成绩提升了，生活习惯也变得越来越好。

还在为孩子容易分心而发愁,还在因为孩子不爱学习而着急的家长朋友,如果你想要改变自己的孩子,如果你想要学会正确教育孩子的方式,那么这本书你一定要看。

每一位家长都应该是孩子最好的老师,家长成长了,孩子自然也会更好地成长。

希望这本书可以为家长和孩子带来帮助。

徐宏丽 出版策划

资深出版人,策划出版多部畅销书
著有《如何出版一本书》

推荐序

提高孩子专注力,不必抹杀孩子的天性

贪玩是每一个孩子的天性。"分心"这件事情并没有那么严重,家长们不必谈"分心"色变。想要提高孩子专注力,其实不必抹杀孩子的天性。

现在许多成年人一样无法抗拒手机和网络虚拟世界的吸引,更别说孩子了。

虽然孩子容易分心会成为其学习成绩下滑的一大"杀手",但是要让孩子克服在学习时分心的坏习惯,家长不能单纯地逼迫孩子专注学习。

过度的逼迫往往会适得其反,让孩子对学习失去兴趣,更不愿意主动学习。

那么,家长应该如何帮助孩子克服分心的坏习惯,提高他们的专注力呢?

在《家有分心儿：提高孩子专注力家长全攻略》一书中，方冬莲老师为我们讲解了19个常见的孩子分心的现象，帮家长了解孩子分心的真正原因。

并且讲述了30个真实案例，给出解决方案，给家长们提供了专业的借鉴经验参考。

同时还分享了一些家长解决自己孩子在学习时分心的亲身经历，让家长更深入地了解和应对孩子的分心。

本书作者方冬莲不仅是国家二级心理咨询师，还是高级家庭教育指导师，她专注于孩子分心领域12年，为2000多个家庭提供过专业咨询和服务，其学员遍布全国各地。

她了解到，许多孩子是愿意变好的，他们渴望在考试中取得更好的成绩。

孩子会出现分心、注意力不集中等现象，很多时候是因为孩子的学习能力没有跟上，自我控制能力差。

这时，如果家长一味地责备孩子，孩子就会失去学习的信心。

方冬莲老师认为，想要提高孩子专注力，其实不必抹杀孩子的天性。

很多孩子很努力，甚至没有时间玩，但是学习成绩还是一塌糊涂。

所以，家长的严加管教并不是解决孩子分心的良药。

唯有正确对待孩子分心，通过科学训练，才能提高孩子专注力。

让我们跟着方冬莲老师一起学习如何帮助孩子克服分心，提高专注力吧！

李鲆 出版策划

资深出版人，创读会创办人

著有《畅销书浅规则》《多赚一倍》系列

前 言

孩子分心一定是学习习惯不好吗?

2007年至今,由于工作的关系,我接触了几千个因孩子学习行为问题来求助的家庭。

"分心"是父母们口中"深恶痛绝"的字眼,这些孩子有的上课分心走神儿,不听讲,课本知识全靠父母回家教或者去补习班让补习老师教;有的写作业拖拉磨蹭,每天要到晚上11点多,而其他同学却大部分能在晚上7点写完;有的经常与同学起冲突,几乎每天都要被老师"投诉";有的对学习彻底丧失了兴趣,厌学不肯去学校。

每一个来访的家庭,说出来的故事都是一部心酸曲折的血泪史。

这些顽皮捣蛋、不听话、不爱学习的孩子到底怎么了?是学习态度不好、习惯差,还是家庭教育的问题?

当我仔细向父母询问孩子的情况,并且观察孩子时,我发现大部分孩子从内心深处来说其实是想要变好的。

他们也想在课堂上有好的表现，考出好的成绩，能够得到老师和父母的表扬和奖励。有些孩子很努力，每天花很长时间在学习上，连玩的时间都没有。其中大部分家庭都非常注重孩子的教育，从小对孩子管教甚严。

这些孩子想要变好，但是常常做不到。

究其原因主要有两点：一是听、说、读、写、算和理解等学习能力发展滞后或失衡，造成孩子在学习某一学科或从事某一项学习任务时不能胜任，注意力不集中，效率低下；二是自我管理能力和自控力弱，得了多动症，他们虽有能力但无故地慢起来，经常分心走神儿，拖拉磨蹭，以致影响学习效率和课堂表现。

从英国医生斯蒂尔报告的第一例多动症的孩子费尔至今，人类对注意力的认识不过100年时间，而真正被人们普遍关注也不过40年。

儿童多动症公认的比例是5%，这意味着以全国4亿儿童计算，有2000万儿童得了多动症，有2000万对父母在为孩子的分心而饱受困扰。这些数据还不包括数量更为庞大的学习障碍、发育迟缓等人群。

而家长认知的薄弱、教育方法的落后，以及教师资源的贫乏，使孩子发展和进步的道路变得更为曲折而艰难。从业

前言

这些年,我见过太多被误解、被耽误的孩子,真是令人扼腕叹息。

我的一位家长,孩子刚上一年级就无奈退学,在一家补习班待了3年也没有解决问题,最后才找到我们;另一位家长为了孩子的学习向电台求救,也是没有结果。一次偶然路过,才找到我们。

我越来越感到仅凭我们微薄有限的力量,是无法帮助更多的家庭的。

于是我希望通过一本通俗易懂的科普书籍,来普及这方面的知识,提高全社会对分心孩子的认知。也希望在不久的将来,我们的一些孩子也能像欧美等发达国家的孩子一样,受到必要的法律保护,得到充分的尊重和支援。

此次疫情期间,我有了不少空余时间,于是下定决心将自己和团队多年累积的知识和经验,编撰成书,分享给尚在为孩子分心烦恼的家庭。

值此本书出版之际,我想对广大家长朋友们说:

当孩子出现分心问题时,你们一定不要简单地责怪孩子不努力,贪玩和懒惰,而要透过孩子分心的表象,找到根本原因,进行针对性的补救干预,这样才能使孩子的分心和因此产生的学习行为问题得到明显改善,甚至解决。

如果我们都能够正确理解和应对孩子的分心，坚持朝正确的目标和方向努力，帮助孩子们接受更好的教育、树立信心、学习有用的生活技能和享受健康的家庭关系，那么下一个十年，对于孩子们和倍感压力的家长来说，就会轻松很多。

希望这本书能够成为家长应对分心孩子教育的紧急援助手册，可以给大家育儿路上带来一点儿启发和引导，让大家少走一点儿弯路。

这本书的内容，得益于很多行业前辈的研究成果和分享。

首先感谢我的恩师——北京师范大学心理学院刘翔平教授，是他引领我走上了学习障碍和分心教育这条路！

感谢法国心理学家 Emmanuel Rousseau 先生，无锡原儿童医院儿童保健科张枫主任，是他们分享给我很多宝贵的经验，给了很多指导和帮助！

感谢这些年支持我的全国同仁们，感谢我的先生宋波老师！感谢信任我的家长朋友们！感谢我的团队！愿大家越来越好！

最后感谢李鲆老师和徐宏丽老师，是你们给了我很好的出版和写作建议，使本书得以顺利出版！

方冬莲于江苏无锡
2020 年 5 月 26 日

目 录

/认知篇/

什么是分心	/002
分心对孩子听课的影响	/005
分心对孩子写作业的影响	/008
分心对孩子语言和交往的影响	/011
分心对孩子的自理能力的影响	/014
常见误区：分心没什么，长大就会好	/017
常见误区：孩子只是顽皮、淘气而已	/020
常见误区：孩子不是分心，只是欠打而已	/022
常见误区：分心的孩子都是好动的	/024
常见误区：孩子看电视、打游戏很专心，他没有分心	/026
胎儿发育期的环境和分心	/028

都市小家庭教养模式和分心　　　　　　　　/030

ADHD 包括的类型　　　　　　　　　　　　/033

警惕！ADHD+ 学习障碍　　　　　　　　　/036

分心孩子长大后也能有所成就吗　　　　　　/039

有效的训练分心的方法　　　　　　　　　　/042

我的孩子需要怎样的训练　　　　　　　　　/045

如何判断孩子是否需要服药　　　　　　　　/049

教育干预的优缺点　　　　　　　　　　　　/053

/家庭教育篇/

家长如何看待孩子的分心　　　　　　　　　/058

改变不良的生活习惯　　　　　　　　　　　/061

让学习变得有意思，就能提高孩子专注力　　/064

家长如何教育多动 - 冲动的孩子　　　　　　/067

家长如何教育和帮助不兴奋的孩子　　　　　/070

减少家庭作业引发的冲突　　　　　　　　　/073

目 录

如何制订有效的代币制　　　　　　　　　　　/077

孩子不喜欢读书，阅读时不连贯，
一字一顿，用手指读，跳字漏字怎么办　　　/080

孩子写作业拖拉磨蹭：经常发呆走神儿，
边写边玩，首先考虑是注意力问题　　　　　/083

孩子写作业拖拉磨蹭：
小肌肉没发展好，写字又慢又累　　　　　　/086

孩子写作业拖拉磨蹭：
视觉广度窄，抄写时看一笔写一笔　　　　　/090

孩子写作业拖拉磨蹭：我忘记字怎么写了　　/093

帮助记不住字的孩子记忆汉字：
抓住形、音、义和汉字结构　　　　　　　　/096

帮助记不住字的孩子记忆汉字：
材料、通道多样化　　　　　　　　　　　　/099

帮助记不住字的孩子记忆汉字：
联想表达法　　　　　　　　　　　　　　　/102

如何培养和提高分心孩子的阅读习惯和能力　/105

孩子写字大大小小，超出格子，
就像画画一样，怎么办　　　　　　　　　　/108

孩子背课文困难，
一篇课文要背一个多小时，怎么办　　　　　/111

如何表扬和批评孩子	/114
如何陪孩子写作业	/117
如何培养孩子的时间观念	/120
如何应对孩子发脾气	/123
如何为分心孩子选择合适的运动	/127
如何选择适合的学校环境	/130
学音乐、下围棋能提高注意力吗	/133
舒尔特方格表对减少孩子分心有用吗	/136
心理咨询对改善孩子分心有用吗	/138
不可迷信感觉统合训练	/141
孩子得了抽动症怎么办	/144
如何看待孩子的厌学情绪	/148

/实战篇/

孩子懂事了，我也可以喘口气了	/154
坚定的路，一个妈妈8年的心路历程	/156

"我的孩子从学困到学霸的逆袭之路" /160

"我终于可以做个省心的妈妈了！" /162

"我一直悬着的心，终于落下了" /164

从医生口中的"多动症"孩子到
积极向上的好少年 /167

用时间管理，孩子完成作业更快了 /169

期待：儿子变得越来越好 /172

三年见证：
一个补习班老师分享孩子们的改变 /174

/ 附 录 /

注意力问题家长自评量表 /178

儿童学习能力家长问卷 /179

参考文献 /180

认知篇

什么是分心

/ 现象

10年来,因为工作关系,我接触了2000多个孩子,这些孩子中有95%以上是学习时爱分心的孩子。

他们普遍的表现就是学习时注意力不能保持在大人要求的学习任务上,比如上课注意力不放在老师身上,而是关心着窗外的动静,或是关注在手头小动作上;写作业注意力不放在作业本上,而是放在别的东西上(比如橡皮、尺子等)。

这样的情况我们称它为"分心",它是造成孩子学习效率低下的主要原因。

/ 解析

我们排除家庭环境因素、心理等因素后,大致将造成分心的原因分为两大类。

一、学习能力因素

1. 听觉记忆、听讲能力未达到年龄标准。

表现为上课听不进老师的话,听了就忘,记不全,不理解,小动作多。

2. 书写和阅读技能未达到年龄标准。

表现为写作业拖拉磨蹭,写得慢、写得累、写不好。

这些孩子占到 15%～20%,上海市前两年的统计比例为 25% 左右。

对因一项或几项学习能力落后而造成分心的孩子来说,其实质是孩子的学习能力未达到同龄孩子的标准。比如,一个 7 岁的孩子,因先天或后天种种因素的影响,他现在的听讲能力只有 5 岁。他要用 5 岁的听讲能力,去听 7 岁课堂的知识,无论在听觉记忆还是理解方面,显然都是不够的。所以,他上课时会出现走神儿、反应慢、注意力不集中、听不懂等情况,其实都是正常的。

二、ADHD 人群

ADHD 全称为"注意力缺损多动障碍",又叫分心症。分心症的儿童在中国约占 5%。

这些孩子对自己感兴趣的东西能专注,创造力和直觉力好，但学习对于他们来说，是一件枯燥乏味的苦差事。

无论听课还是写作业，他们常常不由自主地走神儿，注意力常被外界刺激吸引，不能集中和保持在学校和家长要求的学习任务上。

在生活方面从小就丢三落四，缺少时间观念，缺少条理性，经常要大人催促提醒。

对于ADHD类型的孩子，他们分心的实质在于自控力的低下。

他们的听讲学习能力不一定落后，但就是听课不由自主地走神儿；他们的阅读和书写能力也可能发展良好，但写作业就是无故地慢和拖拉。

在实际生活中，前两者往往并非单独存在。

它们经常相伴相随，相互渗透。本书谈到的"分心"主要指的是这两大类现象。

分心对孩子听课的影响

/ 现象

2014年,我们入驻一所公立小学开展学习困难教育援助活动,与这所学校一、二年级共12位班主任座谈,发现大多数班主任提到了"学生上课注意力不集中"这个问题。在教育前线多年的资深教师,也感觉到现在的孩子越来越难教。不是老师不想教好,而是很多孩子根本就听不进去,连基本的听课习惯都没有养成,注意力不集中,课堂学习效率很低,知识掌握就不好,怎么学得好呢?

/ 解析

学习,简单来讲,无外乎就是听课和写作业。

注意力问题对听课效率有哪些影响呢?最大最普遍的影响是不能集中注意力听课,容易被周围动静所吸引。

比如窗外的鸟叫声、汽车喇叭声等，注意力不能保持在老师的讲课内容上。经常前说后忘，以至于听课效率低下，课堂知识掌握不好，时间一长，基础就落后了，学习成绩开始下滑。

罗大佑有一首歌叫《童年》，里面唱到"黑板上老师的粉笔，还在拼命叽叽喳喳写个不停……隔壁班的那个女孩怎么还没经过我的窗前……总是要等到睡觉前，才知道功课只做了一点点，总是要等到考试以后，才知道该念的书还没有念……"

这首歌里面说的，就是一个典型的分心孩子所表现出来的特征。

注意力不能集中，上课想着昨天发生的事情，有一点儿风吹草动就转移注意力，上课时容易被窗外的声音或景色所吸引，做作业写写玩玩，这些都是分心的典型表现。

有些孩子则相反，他们好像对周围发生的一切都不关心，周围发生的事情并不能干扰到他们。

这类孩子最明显的一点是自己干扰自己。他们好像更容易沉浸在自己的世界里，对外面的事情反应慢半拍，有点儿听而不闻，经常神游，喜欢做白日梦。这些也是注意力不集中的典型表现。

有一个三年级的女孩，上课老是走神儿，坐着不动就分心走神儿了，看起来很乖，不打扰别人，平时看不出，一考试就完了。

老师后来知道孩子容易走神儿，就在课上观察孩子，发现孩子的眼神飘了，就会提醒孩子。

父亲知道后，批评教育和打骂都没有用。后来父亲做了一块纸板，上面写上"不要走神"，放在孩子桌子前面。

你们猜有用吗？对，没有用，孩子还是走神儿。

上述两种情况对孩子的学习影响都很大，内在原因不同，需要鉴别，然后分别给出解决方案。

分心对孩子写作业的影响

/现象

这些年来访的 2000 多个家庭中，家长最头疼的，就是孩子的作业了。

有一个家庭，孩子上三年级了。从一年级开始就是妈妈管孩子写作业。孩子从第一天上学开始，写作业就磨蹭拖拉，边写边玩，对待学习一副无所谓的样子。

妈妈什么办法都想过，可孩子还是天天如此。爸爸觉得妈妈太心软，太惯孩子，而妈妈觉得自己很辛苦，已经尽力了。

为了辅导孩子写作业的事，夫妻俩总是意见出现分歧，矛盾不断。从三年级开始爸爸接手管孩子学习，一开始孩子在爸爸的威严下，还比较听话。可是不到两周，爸爸管也没用了。

另一个家庭，也是一开始由妈妈管孩子所有的家庭作业。孩子天天拖拉磨蹭，妈妈天天督促提醒，天天心急火燎，时间一长，身体都不好了。

夫妻俩无奈一商量，决定两个人分工，由妈妈负责语文和英语作业，爸爸负责数学作业。两个人每天一下班到家，就开始了另一番轮值工作。

/ 解析

在现实中，孩子写作业受注意力的影响很明显，对家庭关系的影响也很大。

孩子们普遍的表现是边写边玩，磨蹭拖拉，不多的作业经常要写到很晚，需要大人天天在旁边催促，明明有完成作业的能力，但就是无故地慢。甚至，有些孩子一写作业就发脾气。

考试时粗心马虎的毛病，屡教不改，看错抄错，漏做题目，等等；还有一些孩子在考试的规定时间内做不完题。

有些孩子喜欢阅读有丰富图片的书，讨厌阅读都是文字的书，看到阅读题，题目不读完就开始做。如果让他一字不落重新读上一两遍，发现他也是会做的，理解力根本没什么问题。但他自己做时，错误率就相当高。

有些孩子计算特别困难，口算非常慢，竖式计算看错，不愿意打草稿，结果错误百出，这些都是注意力问题伴随而来的计算问题。

分心对孩子语言和交往的影响

▍现象

有一个孩子，每天吃过晚饭，妈妈都带他到小区广场上玩。有时玩一会儿滑板，有时就和小区里其他小朋友一起玩游戏。

这位妈妈发现，自己的孩子不容易听别人的指令，比如不太愿意遵守游戏规则，经常自说自话，自己想怎么玩就怎么玩。别人组成小组在玩，他要插队进去，其他小朋友一再阻止他，让他别这么做，他就开始发脾气，大声骂人，在地上打滚。

他的行为让小朋友们都不能接受，很快就没有孩子愿意和他玩了。

还有一个孩子，和上面这个孩子的情况非常不同。每天吃过晚饭，妈妈也是带她去小区广场玩。她听指令经常慢半拍，动作也慢半拍，跟不上节奏，姿势不协调。

她还有个缺点，别人在讲话时，她经常不由自主地走神儿，常常听了前半句，忘了后半句，显得心不在焉。所以每次她虽然很希望和别人一起玩，融入集体中，但因为总是跟不上别人的节奏，所以经常被冷落，有时还被嘲笑。

她因此变得紧张焦虑，觉得有挫败感。慢慢的，便不愿意跟大家一起玩了。

/解析

注意力不集中的孩子最常见的学习能力问题，就是语言发展和表达能力的落后。

很多分心孩子在学前期常出现语言发展的问题，比如说话晚，口齿不清，目光不能很好对视，经常答非所问，或是不能很好地与人互动交流，显得内向不合群。有些孩子甚至被诊断为语言发育迟缓或疑似自闭症。

当解决了语言问题后，注意力不集中、走神儿的现象才真正凸显出来。

这时候再到医院看，结果诊断为ADHD。其实原本就不属于语迟和自闭，它只是分心伴随的语言发育问题而已。

另外一些孩子说话喋喋不休，但语言逻辑性较弱，讨厌规则，或破坏规则，别人说话经常插嘴，玩游戏经常忍不住插队，容易与同伴起冲突，不容易交到朋友。

这些孩子通常从幼儿园开始就是老师投诉的对象，到了小学更是让老师和家长头疼，他本质的原因就是自控力低下。

前一种情况与注意力缺陷有关，需要进行听觉注意力、听语能力和提高大脑兴奋度的训练；后一种情况与大脑抑制功能有关，需要进行抑制冲动、社会交往和情绪管理的训练。

分心对孩子的自理能力的影响

/ 现象

"我的孩子每天从起床开始就要催,刷牙慢、吃饭也慢,完全没有时间观念,批评他还哭鼻子。"

"我家孩子早上起来让他穿个衣服真是要命!催他5～6遍他才肯动,所以很多时候都是我帮他穿了!"

"如果不是我强制拉他出来,他每天可以在浴缸里待2个小时!"

"每天吃饭都拖拖拉拉,一顿饭不催,他可以吃上2个小时。没办法,我只好每次拿个计时器给他定时。"

/ 解析

在自理方面,有以上表现的这些孩子从小缺乏时间观念,做事磨蹭拖拉,刷牙、洗脸、吃饭、洗澡等都慢吞吞的,需要家长在旁边不停地催促。

他们的想法和行为表现消极，打不起精神来，好像对什么事都不感兴趣，一副无所谓的样子，显得很懒散。条理性差，不会整理个人物品，房间里、书桌上和书包里经常乱糟糟的，经常丢失东西，比如丢失橡皮、试卷和作业本等。

有一个孩子丢橡皮的行为特别典型。

这个孩子每天在学校总把橡皮丢了，回家写作业总没有橡皮用。妈妈批评、责罚都没用，索性一次性在网上买好一大盒橡皮，有好几十块，每天丢每天补。后来这位妈妈听到别的妈妈推荐，说有种带链条的橡皮可以挂在脖子上，就帮孩子买了几块，结果还是一样丢。

这个孩子除了经常丢橡皮外，上课经常开小差、做小动作，作业拖拉磨蹭，没有时间观念，是个典型的注意力不集中的孩子。

这些孩子在生活中需要一个固定的架构，每天规律的生活对他们来说非常重要。

比如每天固定时间起床、固定时间洗漱、固定时间吃早饭……每天做完作业，家长帮助孩子整理书包，将文件归类放置，检查第二天要用的物品是否齐全。

孩子家长制作了一张作息时间表，张贴在家里醒目的地方,让孩子每天对照执行。

在孩子吃饭、写作业时坚持用计时器进行时间管理。一些特别重要的事情,养成用小便签提示的方法来提醒。

半年下来,孩子养成了自觉自主的生活习惯,知道每天什么时间做什么事情,再也不用家长在旁边催促了,家里的气氛也缓和了很多。

常见误区：分心没什么，长大就会好

/ 现象

一位爸爸带着读六年级的孩子来咨询。

他的孩子自从上了小学，学习的事就让家长很操心。老师经常反映孩子上课分心，做小动作，写作业质量差，不能按时完成。回到家写字也是拖拉磨蹭，作业不多，但每天要写到很晚。

老师曾经好心建议家长带孩子去医院检查，看看有没有注意力问题。但爸爸认为孩子还小，长大就会好，没必要自己吓自己。

时间一晃，孩子到了毕业班。眼看孩子的学习越来越困难，分心情况越来越严重，爸爸才意识到再不重视，就要耽误孩子了。

于是爸爸带孩子去了附近的几家医院，结果医生的结论都是孩子有注意力缺陷的问题。

/ 解析

有的家长认为分心只是孩子成长过程中的自然现象，长大了就会好。这些父母往往对孩子的分心漠然忽视，只等着"长大就好了"。

有的家长甚至会想，自己小时候也是注意力不集中，后来还不是考上了大学，找到了好工作。

这话听起来有点儿道理，一般孩子的注意力的确会随着年龄的增长有所改善，但对分心的孩子来说，情况却要复杂得多。

以下是各个年龄段的一般发展规律，给大家参考。

婴儿期和学步期： 爱哭闹，睡眠不好，容易惊醒，睡觉爱翻身，尿床，顽皮急躁。

学前期： 不能听从老师指令，注意力集中时间短暂，规则意识弱，难管教。

小学阶段： 不能专心听讲，上课小动作多，做作业拖拉、磨蹭，学习效率低。

青春期： 多动缓解，注意力集中仍然困难。学习成绩大幅下降，逃学、厌学。逆反行为明显，与大人对着干，与同学关系疏远。其中有 40% 的人爱打架，有强烈的攻击性。

成年期： 工作绩效差，有人际关系困扰。

另一项关于 ADHD 长期的临床和追踪研究发现，ADHD 自愈的概率不大。

若在儿童期间未能得到及时干预，约 1/4 的孩子长大后学业无成，工作不稳定，家庭不和睦，甚至违法乱纪，成为社会的不安定因素。部分孩子的症状会一直保持到成年，发展成成人多动症。

常见误区：孩子只是顽皮、淘气而已

/ 现象

孩子从小好动，坐立不安，调皮捣蛋，有些家长往往认为孩子只是顽皮而已。

哪怕老师经常打电话向家长投诉，他们也仍然不相信孩子有行为问题，不愿意找原因和想对策，宁愿自欺欺人，甚至怀疑老师居心不良。

我们看到，在幼儿园调皮捣蛋的孩子，到了小学也会上课不肯好好听讲，有的甚至扰乱课堂纪律。年龄大了，可是行为表现一点儿都没变。

这些孩子，通常不是简单的顽皮，而是缺少了最重要的学习能力——自我管理能力和自控力。

/ 解析

在分心的类型中，有一个类型叫好动型。

这类孩子中以男孩子居多，他们小动作多，一刻不停，精力充沛且不愿意遵守规则，经常打断别人讲话，与同伴发生矛盾。他们爱玩爱闹、听不进别人的劝告。

从表面上看，跟顽皮、淘气的孩子行为举动非常相似。家长们也往往认为，孩子只是顽皮而已。

那我们如何区分呢？请看下面的例子。

下课了，孩子们到操场上玩。但上课铃声一响，顽皮孩子能很快坐到座位上，按老师的指令进入学习状态。

而分心孩子常常需要老师多次提醒、催促，回到教室也不能马上进入学习状态，心思还在操场上。他们注意力的转移比较困难。

上课时，顽皮孩子通常能认真听课，按要求写作业。

而分心孩子听到有趣的事会控制不住哈哈大笑，甚至不由自主地走出座位。这些行为不是他们故意的，他们也知道这样做不好，但就是控制不住自己。

所以，两者本质的区别在于：前者有自控力，后者缺少自控力。而自控力的低下，恰恰深远地影响着孩子的学习生活和社会适应能力。

常见误区：孩子不是分心，只是欠打而已

/ 现象

孩子在学校不肯好好听课，老师批评教育了几句，孩子就跟老师顶嘴。老师请家长来，跟家长反应了情况，家长听后觉得很气，动手打了孩子一顿。

我问他："管用吗？"

家长说："是有用，但只管用一天，第二天又不好了。"

/ 解析

有些家长认为孩子学习和生活出现诸多状况，是因为孩子从小娇生惯养，没有养成好习惯的原因。

难道学习不是孩子自己应该做的事情？孩子不需要对自己的行为负责任吗？他就是偷懒，缺少管教，这是大多数家长的思维。

所以对孩子严格管教，耳提面命，甚至打骂责罚，这是大多数家长的做法。

如果孩子学习问题的原因是因为分心，那么本质是因为大脑神经系统发育的不完善。

这时候你去批评、责骂他，就像批评一个近视的孩子看不清黑板上的字，一个发烧的孩子吃不下饭一样，毫无帮助。

我发现来找我的家长中有95%体罚过孩子。后来我们跟大家解释了这个问题，80%以上的家长停止了体罚，开始学习用正确科学的方法对待自己的孩子。

案例中的爸爸自从明白了这一点，便开始反思自己以前的做法，购买专业书籍和上网搜索，学习相关知识，重新认识孩子，并且积极寻求专业的帮助。

一段时间下来，孩子的情况有了明显改善，上课能够认真听讲，在校基本能完成课堂作业，亲子间的关系也融洽了许多。

常见误区：分心的孩子都是好动的

/ 现象

最近有个家长来找我，一坐下就拿出几张医院报告，她说："方老师，我就是搞不明白。我家女儿平时又文静又乖巧，上课也能安安静静坐着听老师讲课，只不过动作有点儿慢，做事容易磨蹭，上课容易走神儿，医生怎么就说她是多动症呢？是不是医生搞错了？"

/ 解析

"多动症"其实是个通俗的叫法，它的全名是"注意力缺损多动障碍"，此症有三种类型。

我们大家熟知的"多动症"是它的第二种类型——多动冲动型。案例中的女孩，属于第一种类型——唤醒不足型。

"多动症"这个说法从西方国家传入我国，西方国家的家庭教育通常较为宽松，在诊断孩子注意力问题时，经常强调多动和冲动的特点。这些孩子往往好动不安，经常妨碍别人，甚至有破坏性行为。

而在我国，大多数 ADHD 孩子并不多动，他们服从管教，不影响别人，更多表现为注意力不集中，学习时唤醒不足，不兴奋，走神儿和分心，主要妨碍自己。

多动和冲动不是注意力问题的本质，注意力的保持和集中才是。

注意力问题主要与学习有关，注意力不集中的孩子，上课一般不打扰别人，只是搞小动作，不听讲，学习效率低下。

尤其是在读书和抄写时，表现出不能忍受，强烈抵触，简单的抄写作业，对他们而言是沉重的负担。

学习时，只要他们休息得好，兴奋起来，也能完成，但如果稍有疲倦，就会磨蹭。

了解这个原因后，家长和教师让孩子练习静坐来改善孩子的多动，理论上是不对的。只有当孩子的大脑被唤醒后，变得兴奋了，注意力才能集中起来。

常见误区：孩子看电视、打游戏很专心，他没有分心

/现象

一位妈妈满脸不解地坐在我面前，她说："有一个问题我始终搞不明白。我家孩子明明很喜欢看书，自己一个人可以看半天，搭乐高也能一口气搭完一个复杂的作品。我觉得他很有专注力，为什么医生和老师都说他分心呢？"

另一位妈妈也有同样的疑问。

她说："孩子在家做手工、玩玩具都很专心，一个人能玩很长时间，也不用大人管，为什么到了幼儿园，老师就说孩子上课不听讲、做事不专心了呢？"

/解析

这是很多家长在咨询中常有的困惑。他们看到孩子在玩游戏、打电脑的时候非常专心，很长时间都不厌烦。

而一旦开始学习,涉及听讲、抄写、读背等任务时,孩子就像换了一个人一样,出现注意力不集中、分散的情况,并且容易变得不开心、没有意愿和排斥。

为什么同一个孩子,面对不同的任务,会表现出如此截然相反的状态呢?

其实这涉及大脑兴奋度的问题。

我们发现,孩子感兴趣的都是让他大脑兴奋的东西或活动,比如打游戏、看电视、看一些有趣的带图片的图书,或者是玩科技产品等。

这些活动,与其说是孩子付出了努力,不如说是孩子被吸引了。

我们大脑前额叶部分会起到调节的功能,发育完善的孩子,他们的大脑会进行调节。在处理枯燥任务时,告诉自己排除干扰,坚持到底,最终他们也做到了。

而分心孩子大脑的调节功能不够完善,所以对于他们来说,无法忍受枯燥的任务,常常被有趣的东西吸引,做事也很难坚持到底。

明白这一点后,我们家长就要正确理解孩子的问题。即大脑的调节功能不够完善,并非孩子贪玩、偷懒,对学习没有兴趣。

胎儿发育期的环境和分心

/ 现象

经常有家长问:"我们夫妻俩都是名牌大学毕业,上学时成绩都很不错,家族里也没有人有注意力的问题,我们的孩子怎么会得了分心症呢?"

研究发现,母亲怀孕期间的一些不利因素也会导致孩子注意力的发展障碍。

/ 解析

研究表明,母亲怀孕时长期卧床,或因疾病服用药物,或者母亲本身有慢性病(比如糖尿病等),都会增加孩子得ADHD的概率。

怀孕早期是胎儿脏器形成的关键阶段,尤其是胎儿的神经系统、心脏和其他一些脏器,是从孕期第一个月就开始发育了。

因此这个阶段母亲的身体状况对胎儿早期的发育有重要影响。

怀孕期间如果母亲心理状态不稳定，比如有强烈的焦虑、抑郁或悲伤，母亲不想要孩子（想要堕胎），这些因素对孩子都有非常深远的影响。

现代胚胎学研究发现，胎儿4个半月时听觉器官已经发育，最容易听到的是妈妈有节奏的呼吸声，还有妈妈的心跳声、血管里有节奏的血流声。

到五六个月大时，胎儿已能处理声音信号，使肌张力（尤其是核心肌肉）、身体平衡力和身体柔韧度提高。如果妈妈长期紧张焦虑，则会影响胎儿耳内的三半规管，随之引起前庭系统发育不完善，进而影响听觉和专注力，给语言的学习带来困难。

研究还发现，母亲怀孕时出现宫内感染、缺氧，或孩子出生时有窒息等情况，可能造成孩子大脑的损害。这种损害也会影响孩子的大脑发育和自我控制能力的发展。

这些年我们先后接触了2000多个分心、学习困难、语迟和发育迟缓的孩子。

当我们追溯孩子出生成长史后，发现很多孩子在出生前后，受以上多个不利的因素的影响，其中怀孕时妈妈的紧张焦虑、压力大占多数，这与上述的研究结论不谋而合。

都市小家庭教养模式和分心

/现象

越来越多的孩子出现分心的情况，其中一个重要的原因就是都市小家庭的生活方式。

生活在现代的孩子幸运但不幸福。

在小家庭中，孩子们缺少可以模仿的对象，没有其他孩子可以交流，过早过多地使用了电子产品，从而在语言、交际和运动能力发展方面发展不良。

小飞是一个4岁的孩子，他是家里的独生子，父母都是从外地来的，工作非常忙。爷爷奶奶、外公外婆都在老家，没人过来帮忙。

妈妈每天从幼儿园接小飞回到家，还要做晚饭、洗衣服，没有时间陪伴和照顾小飞，只能让他一个人看动画片。只有到周末爸爸妈妈不加班的时候，才会带他出去玩。

时间一长，妈妈发现小飞的语言和社交能力很弱，出去玩的时候容易依赖妈妈，不敢和陌生的小朋友一起玩。幼儿园老师也反映他显得有点儿不合群，不太和其他孩子互动，而且非常爱哭，总是神经紧张，后来去医院被医生诊断为疑似自闭。

小笑今年5岁，他的父母工作也很忙。平时接送幼儿园和照顾生活起居的是爷爷奶奶。可是两位老人对孙子太宠了，平时什么事都不让他做，小笑过着"衣来伸手、饭来张口"的日子，都5岁了，吃饭还要奶奶喂。

久而久之，小笑的动手能力变得很差。

幼儿园老师让小朋友们折纸、剪纸、画画，他动作笨拙，做得又慢又不好，还经常发脾气。老师教写简单的数字描红，他也是一点儿兴趣都没有，不听老师指令，自己不肯好好写，还经常影响别人。

一家人为了孩子的事情犯愁起来。

/解析

小家庭的生活方式是近40年才出现的现象。现代都市小家庭的孩子住在高楼林立的小区里，缺乏户外活动，缺乏和大自然亲近的机会。

孩子一出生就暴露在声光刺激当中，电话、电脑、手机、汽车上的卫星导航以及随处可见的LED灯等，都成了过度刺激孩子身心稳定的因素。

家长们往往以为让孩子看动画片、玩游戏，是一种省时又省力的教育方法。

案例中的第一位家长，就是认为让孩子多听多看，也是一种学习说话的好方法。其实这是个天大的误区。这位妈妈不了解，孩子学习语言必须要与人互动，而不是单向的接收。

这些年我接触不少年幼的孩子，发现他们大多数存在一个问题：孩子能听懂大人说的话，但是不会用语言表达自己的需求和意思。

这跟孩子们大量看电视，使用电子产品，缺少与人交流有很大的关系。

案例中的第二个孩子，因为老人教养观念的落后和宠溺，使得孩子缺乏动手能力，直接造成他手眼不协调的问题。

到了学习的年龄，孩子做事磨蹭、笨手笨脚，写字速度慢，不愿意写，不多的作业要写很久，极大地打击了孩子学习的积极性和自信心，令人惋惜。

ADHD 包括的类型

/ 现象

我每年都会看家长带来的全国各家医院的报告，少则几十份，多则上百份。

尽管医生们大多数都给出了明确的诊断，也给了家长比较详细的建议。

但对家长来说，ADHD 这个概念仍是比较陌生的。所以很多家长拿到医院的诊断书，回家上网查了很久，也没办法对应孩子身上表现出来的行为。

/ 解析

ADHD 的全称为注意力缺损多动障碍，主要有三种类型。

第一种类型主要表现为孩子动作慢、效率低、不兴奋和孩子唤醒不足，整体感觉就是这个孩子反应慢，活力不足，做事总是没精打采,好像对什么都提不起兴趣。

它有一个名称叫 ADD,主要表现为注意力不集中、发呆走神、容易受外界的干扰、做事容易丢三落四、没有时间观念和效率低下,在医学界把它叫作执行障碍。

这种类型的孩子你会发现他什么道理都懂,但他就是做不到。

第二个类型是"多动症",主要表现为孩子特别好动、小动作多。还有些孩子话多,喋喋不休,容易冲动,和别人交往的时候容易起冲突,别人说话时容易插嘴,老师上课时题目没读完他就开始要做了。

这些孩子一般来说速度是快的,和第一种类型不一样。

第一种类型的孩子动作慢,第二种类型的孩子动作快但质量不好,经常打扰别人。心理学上把这种行为叫作抑制障碍,就是说孩子管不住自己,控制不住自己。

第三个类型是混合型,也就是说这些孩子在学习时走神发呆,容易受干扰,丢三落四,效率低,学得很慢忘得很快,短时记忆也不好。

但是除了学习外很好动,容易和别人起冲突,容易兴奋,干扰别人。

学习时干扰自己,社会交往时干扰别人,这两种表现都有的就是混合型。

这三种类型，一型是最容易造成学习困难的，它会影响短时记忆，影响学习成绩。如果孩子是一型分心，加上学习能力不好，那么对孩子来说就会成为影响学习最大的障碍。

二型在学龄前的男孩子或低龄的一、二年级之前的男孩子中会多一些。一型是女孩子容易有，三型在男孩、女孩中都有。

我从这么多年看过的诊断报告中发现，三型的孩子很少有轻度的，都是中重度的类型，这对家长来说非常困难。

警惕！ADHD+ 学习障碍

/ 现象

有一次，一位记者朋友想写一篇关于多动症方面的报道，她来向我咨询和收集这方面的素材。

谈话期间，她问了我一个问题："多动的孩子也能有好成绩吗？"

我告诉她："在小学阶段，大约三分之二的分心孩子，成绩还是不错的。他们只是在情绪、行为和社交方面表现不佳，学习能在班里排中等或偏上。但是上了初中或高中，他们的学习成绩就会突然下降，有些甚至是上了大学才成绩下滑。另外那三分之一的孩子，分心如果伴随有学习困难（学习障碍），那么学习从一开始就会很吃力。"

/ 解析

学习障碍（LD）是20世纪60年代提出的一个概念。

是指孩子智商正常或超常，但由于听、说、读、写、算和沟通技能方面出现明显落后而导致学习成绩低下的现象。

学习障碍分为阅读障碍、书写障碍和数学障碍，其中阅读障碍占75%。学习障碍实质上是孩子学习成绩和智力的不匹配，要解决的根本任务是提升能力。

小林是一个有学习障碍的孩子，他的智商为120分，属于优秀，能言善辩，阅读也流畅，但在语言表达和书写方面却很困难。

如果让他演讲，他会说得绘声绘色，内容构思精妙，用词生动，让人听了赞叹不已。但让他把自己说的东西写下来，却比登天还难。因为他学过的字容易忘，经常提笔忘字，遇到不会的字要想老半天。最后写出来的文章字迹潦草，篇幅很短，内容干巴巴。

因为他在写作文时，把大部分精力用在了想字怎么写上，没有多余的注意力去关注把字写端正，把文章写长、写好。

但小林在听课和做数学作业时没有问题，能按时完成老师布置的作业，遵守课堂纪律，与同学们友好相处，生活自理能力强，乐于帮助别人。

他的困难主要在书写方面，由于字形不能以视觉的方式储存在长时记忆中，导致写作文困难，考试时看拼音写词语和按课文内容填空部分失分很多,所以他的语文成绩经常在班里倒数。

注意力缺损多动障碍(ADHD)主要表现为注意力保持困难、行为冲动和多动、自控力差、行为幼稚、缺少时间观念。

与人交往和独立生活(如按时起床、按时入睡、听从大人指令等)也有困难,表现为孩子的智力和学校适应功能不匹配,要解决的根本任务是发展成熟。

小晓是一个有注意力缺损多动障碍的孩子,他的智力100分,属于正常,但成绩却是班里倒数几名。

他的主要问题在于行为幼稚、人际关系不好、经常与同学起矛盾、破坏课堂纪律、不听老师指令。

行为适应性测验表明,他在适应学校集体生活方面经常出现问题。

在校不能按照老师的要求完成学习任务,经常忘记带作业本和文具用品等,忘记老师布置的作业。

研究发现,每3个注意力缺损多动障碍的孩子中就有一个学习障碍者,不兼有多动的注意力缺损的孩子更容易有学习障碍。

通过对这些孩子的追踪研究发现,他们上中学后成绩仍然不理想,辍学和学习困难的发生率都高于同龄人。

分心孩子长大后也能有所成就吗

/ 现象

很多家长一听说自己的孩子得了分心症,就容易对孩子的教育和未来丧失信心。

一位妈妈天天抱怨自己的孩子,数落孩子种种不是,在她眼里她的孩子一无是处,只会天天给她添麻烦。她甚至想:老天爷为什么这么不公平,给她派来这么个孩子。

另一个家庭,自从孩子被诊断有注意力问题后,家中老人、父母都觉得这是件丢脸的事,说出去很不光彩。于是对老师避而不谈,只说孩子顽皮。

殊不知,大家只看到了孩子的缺点,却看不到孩子真正的潜能。分心虽然给家庭带来一些挑战和困扰,但分心的孩子也有其独特的优势,也能有美好的未来。

/ 解析

分心孩子长大后一样可以取得成功,这是毫无疑问的。历史上很多成功人士,都是分心者。

乔治·巴顿,美国著名将军。在第二次世界大战中,他率第三军团横扫法国进入德国。

他阅读不好,在上西点军校之前,读课文都是他妈妈读给他听。上学后,他付费给同学,让他们读给他听。但是他的战略才能在历史上无人能及。

迪士尼·沃尔特·艾利亚斯,美国动画片制作家、主持人和电影制片人,以创作卡通人物米老鼠和唐老鸭而闻名。他小时候是一个分心孩子,学习成绩不好,管不住自己。

但他是一个很有创造力的人。

他于1928年制作了第一部有声动画片《威利号汽船》,并于1938年制作了第一部长篇动画故事片《白雪公主》。正是他设计的米老鼠改变了美国娱乐界。

奥尔科特·路易萨·梅,美国著名作家和改革家,以其自传性质的小说《小妇人》而闻名。曾经有编辑告诉她,她永远不会写得很好。但她后来写的《小妇人》却成了非常流行的书,她也因此被认为是一个伟大的作家。

家长千万不可以只打击孩子、贬低孩子,而应该发现和挖掘孩子身上的优点，帮助孩子树立自信。

美国著名的分心领域专家爱德华·哈洛韦尔在他著名的《分心不是我的错》一书序言中，专门写给家长一句话："只要学会正确的方法，这些孩子在任何领域都能成为优秀的领头人。"

让我们一起努力吧！

有效的训练分心的方法

/现象

人的注意力是有区别的,有的人可以长时间专心学习枯燥的材料,有的人注意力保持和集中时间则很短,只能专心于有趣和感兴趣的事情。

我们把这些注意力不集中的孩子称为分心孩子,学名叫作注意力缺损多动障碍(ADHD)。认为它与大脑前额叶发育不完善有关,和感冒发烧一样,属于生理方面的问题。

小明就是这样一个分心的孩子。

从幼儿园开始,妈妈就发现他特别痴迷于汽车和飞机模型,可以一整天都坐在那玩儿。他对动画片也很感兴趣,可就是对阅读和写字完全不感兴趣。妈妈刚开始读一会儿书,他就听不下去了,然后从妈妈身边跑开。

妈妈让他坐在书桌旁写字,他每次只写一小会儿,屁股就坐不住了,要么离开位子,要么玩橡皮。只要一涉及学习的事,跟玩玩具和看电视相比,完全是两个样子。

妈妈一开始觉得是孩子还小,学习习惯还没养成,只要好好培养下学习习惯,长大肯定会好。所以她对孩子严加管教,耳提面命,事事督促。

时间一晃就到了三年级,孩子的情况非但没有改善,而且越来越严重,并且出现了明显的逆反情绪。最近,孩子连作业都不做了,考试居然交白卷。

这下家里人都着急了,到医院一查,才知道孩子得了分心症。

/ 解析

对于这些类型的孩子,我们采取讲道理和批评教育的方式基本无效。

有效的方法有以下几种。

1. 传统的视觉和听觉注意力训练。

训练与学习有关的视觉和听觉注意力,改善他们写作业和听课时注意力不集中的现象。

2. 时间管理训练。

培养孩子的时间观念，将作业分成几个容易完成的小任务，用定时器进行管理，对于完成快的行为进行表扬和奖励。让孩子经常估计自己做一件事情所用的时间。

3. 改变学习的刺激。

通过改变学习的刺激来提高他们的注意力保持和集中水平。如将一张彩色的透明塑料覆盖在书本上，使字体有颜色；或者选择字体大一点的书给孩子看；向孩子发布指令时同时写在黑板上或用标签条标注等。

4. 促进神经系统连接完善的训练。

比如托马迪斯训练，拥有多项专利技术，使用经过特殊处理的声音材料，结合专用设备，直接促进神经系统的发育完善，对提高注意力水平、改善分心症状效果显著。

以上方法，根据孩子的具体情况结合使用，效果更好。

我的孩子需要怎样的训练

/ 现象

天下没有两片完全相同的树叶,也没有两个完全相同的分心孩子。

每一个学习受挫、注意力不集中的孩子,都需要一套适合他自己的方案。

"头疼医头、脚痛医脚"的做法多半是不能真正见效的。

小葛、小群和小庆三个孩子都有注意力不集中的问题,他们上课都有分神、做小动作的情况,写作业都有拖拉磨蹭、边写边玩的现象。但是仔细观察他们的学习行为,发现又有各自不同的情况。

小葛上数学课经常分心,但在其他课上能认真听讲,举手回答老师的问题,语文和英语作业也能按照老师的要求完成,成绩中等偏上。只有做到数学应用题时,他才容易出现停顿发呆的情况。按照他自己的说法,数学课分心做小动作,也是因为他实在听不懂老师在讲什么。

小葛这种情况要首先考虑数学学习是否有困难,尤其是逻辑思维能力水平是否达到年龄标准。

小群的情况是上任何课都是一副心不在焉的样子。他虽然听得懂上课内容,但就是经常不由自主地走神儿,被教室窗外的声音所吸引,老师在讲什么内容经常没听进去,需要老师时不时地提醒。

写作业也是这样,写着写着就容易失去兴趣,静不下心,毛毛躁躁,作业质量差。考试也经常犯粗心马虎的错误,但只要家长稍加管理,他也能考出很好的成绩。

小群的情况属于较单纯的注意力问题,他的学习能力发展尚好,只要注意力能够保持集中,他自身的潜能也还是可以发挥出来的。

小庆的情况相当复杂。他不仅上课不能集中注意力听讲,时常走神发呆,就算回过神来认真听一会儿,也是对课程一知半解,前说后忘。写作业时简单的抄抄写写也要抄好几个小时,遇到难题就更加慢了。

他是一个兼有注意力问题和学习能力落后的孩子,受这些因素的共同影响，他的学习效率低下，学习成绩可谓是"惨不忍睹"。

/分析

如果孩子的学习成绩落后是由于注意力不集中引起的，而没有学习能力低的表现，那么训练的重点就是纠正孩子的多动、注意力不集中的行为。

行为管理或矫正，是首选方案。个别程度较重的孩子，同时结合药物治疗。

针对由一项或多项学习能力差引起的注意力不集中问题，训练的重点应该是提高孩子的学习能力。

从孩子薄弱的学习能力入手，帮助他们克服某一科目上的学习困难，在视听知觉、阅读或动作等方面加以训练，通过提升学习能力改善注意力。

对于兼有注意力问题和学习能力问题的孩子，则应当同时在行为管理、学习能力问题上进行补救，甚至是借助药物等进行干预。

一方面对他们的自我监控行为进行强化和管理，帮助他们学会独立完成作业，在课堂上管理自己；另一方面又要训练和提高他们的阅读水平、书写水平，加强学习语文和数学能力。

研究表明，后者更为重要。一旦我们提高了孩子的学习能力，他们的注意力水平也会因此得到提高。

上面的三个孩子，因为造成分心、学习困难的内在原因各不相同，所以需要分别设计个性化的方案，给予针对性的训练和指导。

如何判断孩子是否需要服药

/ 现象

在要不要给孩子服药这个问题上,家长们心情大多比较复杂:一部分家长认为"是药三分毒",吃药总是有副作用的,不到万不得已绝不考虑;另一些家长态度更加激烈,他们认为"我们孩子又没病,为什么要吃药?"

每年来访的几百位家长中,关于吃不吃药的咨询和讨论至少占到四分之一。

/ 解析

尽管中国的家长往往"讳疾忌医",对服药比较"感冒"。如果 ADHD 的孩子在课堂上多动、冲动,妨碍别人听课,经常扰乱课堂纪律,则家长还是要为孩子选择服药的。

这些药物大多是兴奋剂一类的药物，最早是用来治疗抑郁症的，但在治疗 ADHD 方面却意外有收获。

优点：

1. 对不听指令、扰乱课堂纪律的孩子，或分心程度较重的孩子，可很好地起到控制行为问题的作用。

2. 有科学数据支持，见效快。

缺点：

1. 只能缓解症状，停药后容易反弹。

2. 有一定副作用，需要较长期服用。

3. 对轻微症状无效。

4. 不能提高学习成绩。

判断孩子适不适合服药，需要考虑以下因素。

1. 孩子注意力问题的严重程度和破坏性行为的严重性。

通常，孩子的症状越严重，就越有必要通过药物先控制行为，然后结合其他干预方法。越严重的情况，服药效果越好。

2. 之前是否采取其他干预方式。

如果孩子之前从没接受过其他任何训练干预，则可以暂时先不服药，先参加父母教养技能培训、行为管理和矫正培训、认知—行为训练和情绪行为训练等。尤其当孩子的注意力问题比较轻微，不是很严重时。

3. 当孩子的年龄小于 6 岁，尤其是小于 4 岁，不适合服药。即便服药，效果也不好。

4. 孩子对服药的态度。

在服药前家长需与孩子讨论服药一事，解释服药的原因，尤其是对年龄大一些的孩子更有必要提前说明。如果孩子不理解服药的意义，则可能拒绝服药。

5. 家长是否能够承担药物治疗的费用。

因为药物治疗是一个长期的过程，如果中途中断，则会影响效果。另外家长能否做到监督服药也需要考虑。

有一个五年级的孩子，在学校上课就是趴桌子上睡觉，作业几乎不做，老师都拿他没办法。

妈妈是护士，工作很忙，没时间管孩子学习。爸爸每天管孩子，但孩子到很晚都不愿意做作业。

最头疼的是，孩子竟然跟着其他同学做起了坏事。同班有一个调皮捣蛋的孩子，下了课怂恿他到操场丢泥巴、砖块，趁人不注意到食堂搞破坏，甚至撒小便在食堂地上。

学校知道了这件事，就找家长谈话，要给孩子处分，并要家长保证今后孩子不再这样。

家长很无奈，更不知如何是好。

后来由朋友介绍，孩子家长来找我咨询，我建议他们赶紧带孩子去医院检查下注意力情况。检查结果显示，孩子是重度混合型注意力缺损多动障碍，医生建议马上给孩子服药。

夫妻俩拿到结果也傻了眼。第二次来咨询，特别纠结要不要听医生的话给孩子服药。

我帮他们分析了一下利弊，建议还是先用药物控制行为，他们也照做了，很快孩子在学校的破坏性行为就不再发生了。

这个孩子在学校听别的同学怂恿，做这些糊涂的错事，显示他的自制力非常低下，做事完全不经自己头脑思考，这也是注意力问题的典型症状。

通过药物暂时控制住这些行为，使孩子得以基本适应学校环境，之后再给予综合的干预训练。

教育干预的优缺点

/ 现象

"我的孩子学习马虎,作业拖拉,学习效率低下。"

"我的孩子今年才 5 周岁,医生说他有注意力缺陷。"

"我的孩子语言能力不太达标,学习注意力分散,理解力弱。"

"我家孩子服药好像没有什么效果,学习还是很困难。"

"我家孩子注意力问题挺严重的,医生让我们给他服药。但我家里老人和孩子爸爸都很反对。"

/ 解析

如果孩子出现以上这些情况,建议孩子参加认知行为训练。分心问题的教育干预即教育训练,主要通过视觉工作记忆、听觉工作记忆、反应抑制训练和视觉搜索等，有针对性地对孩子进行干预，是针对分心孩子的复述能力差、学习效率低下设计的。

优点：

1. 可以有效提高孩子学习时的注意力、速度和准确性，进而提升其学习成绩。

2. 没有任何副作用，训后不易反弹。

3. 有技巧、有策略的提高孩子的注意力，让孩子学会自我控制。

缺点：

1. 需要家长多付出，在饮食、运动和行为管理方面需要配合。

2. 见效需要过程，不能做到立竿见影。

有一个小学四年级的孩子，在二年级时被国内一家权威医院诊断为中度ADHD，家长听了医生的话开始给孩子服药。服了一学期，孩子的情况还是如此。医生说效果因人而异，让家长再坚持服一学期。

结果一直服用了两年，孩子的情况却越来越糟糕。上课还是走神儿，做作业还是磨蹭拖拉，错误一大堆，学习成绩到了班里倒数。

后来经其他家长介绍来我这里做评估。我一看报告，心想：坏了，这孩子怎么可能学习好？

评估显示他存在严重的学习障碍，主要是词语的记忆、存储和提取出现了阻碍。

表现在这个孩子身上就是孩子总是记不住字，学过的字转眼就忘了。就算隔天在家里默写了几遍，又巩固几遍，第二天到学校一默写，又忘光了。

这种情况也导致他阅读能力差，读书结结巴巴，读后不理解意思，写作文很困难。到了中年级，应用题的理解也出现了困难。

这个孩子同时有学习能力低的现象，只是单纯的服药，并不能改善他的学习能力的问题。

注意力问题只是表象，内在原因非常复杂，需要有医学、教育学、心理学等知识的综合参与，然后形成准确的判断，才可能有一个适合孩子的个性化方案。否则，家长就很容易走弯路。

家庭教育篇

家长如何看待孩子的分心

/案例

"我的孩子太不让人省心了!天天写作业要催,一走开他就玩起来!我和他爸只好每天轮流盯着他写作业!"

"我家孩子除了学习不好啥都好!一说学习就像变了个人似的!拖拉磨蹭,说了也不听,真是气死我了!"

"我家的更别提了!老师三天两头打电话来告状,上课自己不听讲,还总是影响别人!我都快失去耐心了!"

"医生说我家的孩子得了多动症,要我们给孩子服药。我真担心这孩子一辈子就这么毁了。"

…………

在我们的家长沙龙上,经常听到家长们数落自家孩子的不良行为,抱怨孩子贪玩不懂事,给家人带来无尽的烦恼。

有些家长因为孩子的学习行为问题迟迟得不到有效解决，开始变得失望焦虑、垂头丧气，甚至出现悲观抑郁的情绪。让原本和谐美满的小家庭蒙上了一层厚厚的阴影。

/ 分析

尽管养育分心孩子会给我们带来很大的挑战和压力，但这并不是无法克服的障碍。如果我们试着改变思维方式，就会发现孩子身上也有很多优点和闪光点。

日本专家市川宏伸在《解析儿童多动症》一书中提出，家长要改变对待孩子的思维方式。家长严厉批评、惩罚不是好的教育方法。如果总是批评孩子，会让孩子丧失自信和自尊，影响孩子心理健康。

/ 解决方案

我们接触到的很多孩子，他们虽然是老师眼里的"问题行为儿童"，但他们善良、坦诚、单纯、有创造力、感性、有爱心。他们的身上依然闪着光亮。

当你忍不住要发火的时候，请先冷静下来换个角度思考一下。

"坐不住"是"精力充沛"，"性格冲动"是"反应快"，"成绩不好"但"心地善良"，"虎头蛇尾"但"创造力强"，"读写困难"但"能说会道"，等等。

如果这么想，就会发现孩子的另一面。

家长要多认可孩子的优点，真正理解和接纳孩子，把他们的缺点看作是孩子的特质而非缺点。找到适合他们的教育方法，朝正确方向持之以恒地努力培养。

孩子一天天长大，在我们爱的呵护下，他会有能力克服自身的缺点。

每个孩子都有无限发展的可能，所谓"条条大路通罗马"，分心影响了孩子的学习，但并不意味着孩子之后的人生道路就黯淡无光。

国外很多追踪调查表明，分心孩子长大后，在各行各业获得成就者大有人在。

风物长宜放眼量。

改变不良的生活习惯

/ 案例

每年一到暑假末尾,来咨询的家庭就特别多。

其中很常见的一种情况是,假期结束,孩子要交作业,家长让孩子拿作业出来一看,才发现孩子的作业"漏洞百出":不是没写,就是质量很差。

漫长的假期,家长们通常要忙自己的工作,孩子大部分时间要自己待在家里。对于一些分心、自控力欠佳的孩子来说,没人在旁督促和管理,他们就"放飞自我"了。

大人一离开,转身就看电视、玩游戏,把家长的再三叮咛立刻抛到脑后。

等家长回来检查作业了,要么草草了事,要么撒谎逃避。难怪很多家长都感叹:"这假一放,孩子都退步了,更难管教了!"

/ 分析

对分心的孩子来说,由于他们比同龄孩子缺乏自我管理和控制的能力,他们的注意力常常被那些有趣的游戏或念头吸引,总是容易忘记自己应该做的功课和任务,如果没有规律的生活和明确的要求,他们的学习效率就会很低。

在假期里,长时间坐在电视前,不与人交流,沉迷于游戏,身边的事都由家长代做,等等,这些不良的生活习惯,都会加重分心的程度。

科学研究发现,长时间在电脑或手机前的孩子,大脑会有不良的变化,孩子的情绪控制力和自控力都会变差。

/ 解决方案

日本专家市川宏伸在《解析儿童多动症》一书中提出,分心孩子非常需要做的 5 件事情是:与人交谈、阅读、做家务、运动、与朋友交往。

要减少做的 5 件事是:长时间坐在电视机前、过度玩电脑、接触危险的器具和家具、接触分散注意力的物体。

如果家长能为孩子创设一个健康平和的家庭环境,那么孩子的分心情况也会好转。

除此之外,分心的孩子需要家长持之以恒的管理,从生活起居、学习时间等方面开始制订明确的计划,养成规律的生活作息。

家长要每天检查孩子的学习任务，用代币制的方法，对完成好的行为进行及时奖励，对未完成、完成质量差的行为进行惩罚。

不要等到暑假快结束了，才惊讶地发现孩子的作业才做了一点点。

后来我们在家长们的强烈要求下，每年在放暑假的第一周推出《如何合理安排暑假生活》线上公益课堂，把一些管理重点和注意事项向家长们分享，也因此收获了不少好评。

让学习变得有意思，就能提高孩子专注力

/ 案例

林爸爸最近骄傲地与我分享了他的成功教养法。他说他已经从育儿烦恼中摆脱了出来，孩子对学习不再反抗，愿意配合，大家都感觉不错。

林爸爸的儿子上小学二年级时，被诊断为注意力缺陷。

主要的表现是上课不认真听讲，这个情况从幼儿园开始就有了；写作业拖拉，边写边玩，抄写尤其磨蹭，一看到作业多就不肯做了。

林爸爸不管是耳提面命，还是苦口婆心地教育，甚至批评责罚，都收效甚微。

在医院收到诊断结果后，林爸爸第一次开始认真思考教育儿子的方式。他在网上查了很多资料，向很多专家咨询，

后来在朋友的介绍下找到了我。

当时我给孩子做了更细化的教育评估,给了他不少建议,其中包括如何让孩子愿意学习、喜欢学习,我们谈了很久。最后我让林爸爸回家按照商讨的方法做,然后我们定期沟通,调整方案。

/ 分析

如何让学习变得有意思,是每个有分心孩子的家庭绕不过去的一个话题。

只有想办法让学习变得有意思,分心孩子对学习的兴趣才会增加,专注力才能较长时间地保持在学习上。加之专业的训练,才是解决专注力问题的捷径。

/ 解决方案

那么,我给林爸爸说了哪些方法呢?

1. 学习形式多样化。

可以采取听课、看录像带、计算机辅助教学和实验的方式来学习。

2. 题型多样化。

题型新颖、有创意,要不断变化,比如口答题、填空题、辨析题、判断题、选择题、猜题游戏和应用题等交叉出现。

3. 学习材料的趣味性。

比如在阅读材料的选择上,可以选择童话、小说等,可以是带图的和彩色印刷的图书。

4. 学习过程趣味化。

把学习任务设计成游戏,比如识字游戏、拼单词游戏等。

5. 多重感官学习。

比如听单词、听课文、角色扮演等。

家长如何教育多动-冲动的孩子

/案例

小区里王爷爷的孙子小王是出了名的"皮大王"和"捣蛋鬼"。他从小很任性,想要什么立马就要得到,一不顺心就大吵大闹,在地上打滚,大家都说是大人给惯坏了。

上了幼儿园,老师总是投诉小王的种种不良行为:不听老师指令,爱发脾气,推撞小朋友,抢小朋友的玩具,等等。

每次老师一投诉,家长没有好办法,就一顿打。

上了小学,小王的问题变得更让人头疼了:上课不听讲,总是做小动作,老师讲课老爱插嘴,还哈哈大笑,影响大家上课。

下了课在校园里转悠,听不进任何人的话,还把校园花坛里刚种下的花苗棵棵连根拔起。有一次趁老师不注意,小王跑到教学楼顶的平台上,攀着栏杆往下看,把老师们都吓坏了。

课堂作业想做就做,不高兴就一字不动。放了学,家长来接时盯在旁边才肯动笔。老师们实在拿他没办法,就建议家长带孩子去医院检查。结果一查,被医生告知小王得了多动症。

分析

小王这个情况不是个例。这类孩子显得精力充沛,小动作多,经常违反课堂纪律,经常与人起冲突,打扰别人,不能延迟满足需要,显得比同龄人幼稚,动作快但质量低,常犯粗心马虎的毛病。

解决方案

对于这些孩子,教育的重点有以下几点。

1. 学习时,质量放在第一位。

把正确率作为奖励的重点,而不是速度。

2. 按照停—想—做的口令进行练习。

无论过马路还是上课发言,都要先对自己说停一停、想一想,再去做,养成先思考再行动的习惯。

3. 进行抑制优势反应的练习。

比如让孩子练习多次举右手,然后家长说举右手,孩子必须抑制优势反应,举起左手。

4. 延迟需要满足。

当孩子排队不能等待,或不经同意就打断别人谈话时,要加以阻止或惩罚,或采用冷处理的方式。如果孩子学会延迟满足,则给予额外奖励。

5. 培养孩子识别别人面部表情的能力,培养同理心和社交技能。

6. 尽早参加专业系统的多动症干预训练,针对部分严重的情况要同时服药进行干预。

家长如何教育和帮助不兴奋的孩子

/ 案例

小路是个二年级的孩子,小路的爸爸在咨询时,不停地数落孩子的种种"不良行为"。

上课分神发呆,经常回答不出老师的提问;做作业拖拖拉拉,课堂作业经常完不成,不多的家庭作业每天都要做到9点多;做作业时玩尺子、玩橡皮,一有动静就分心;不肯读书,应用题不读就做,结果错误一大堆,考试时会漏掉整个题目……

因为孩子的作业,每天家里充满了火药味。

/ 分析

我们为他进行了学习能力、注意力的整合评估,并进行了行为观察及家长访谈。

结果显示小路的学习能力良好，但在听觉和视觉的注意力方面存在一定程度的落后，是大脑管理注意力的能力出现了问题。

小路在面对枯燥的学习任务时，大脑兴奋度不够，唤醒不足。这样的孩子在分心孩子中的比例较多，且不易被发现。他们经常发呆，上课犯困，动作慢，效率低下。

研究表明，这类孩子的视听反应慢，作业的正确率低，课堂表现差。

/ 解决方案

对于这类孩子，教育的重点有以下几点。

1. 无论做什么事，都要对其进行时间管理。

让孩子知道自己用了多少时间，包括吃饭、穿衣、洗脸、刷牙，对在规定时间内完成的行为进行奖励，不按时的行为进行惩罚。

2. 写作业时，将提高作业速度作为主要目标，用计时器管理作业时间。

3. 不同的学科交叉进行。

比如先做20分钟语文，再做20分钟数学。也可以将书面作业与口头作业交叉安排。避免大量重复的抄写。

4. 用彩色纸覆盖阅读材料或用彩色笔将重要字词标注出来，引起孩子兴趣。

5. 分享学习，将学习过程游戏化。

如阅读时一人读一段，进行角色扮演或比赛等。

6. 作业前先运动一会儿，两项枯燥任务中间穿插一项孩子喜欢的活动等。

7. 保证充足的睡眠。

8. 更省力省心的一点：通过专业训练的高频音直接给孩子大脑充电，提高孩子的兴奋度和专注力。

经过6个月的干预和调整，小路的情况有了明显的改善。学校作业能在学校放学前完成，有时候还能完成1～2项家庭作业。回家后写作业变自觉了，经常在7点前就能把作业完成。

小路和爸爸之间没有了冲突，一家人又回到了以前的和睦和温馨的状态。

减少家庭作业引发的冲突

/ 案例

这些年留给我印象最深刻的一个例子。

一个二年级男孩,他的父亲在一家大型企业的工会任职,平时工作很忙。这个男孩每天写作业都拖拉,一会儿喝水,一会儿上厕所,写作业边写边玩,玩橡皮玩尺子,天天11点前上不了床。第二天早上又起不来,导致白天上课没精神,影响课堂效率。

白天学不好,作业效率低,晚上又要晚睡。如此恶性循环。

这位父亲先是在儿子旁边耳提面命,耐心督促,但收效甚微。于是改为耐心陪着一起写,儿子写啥他也写啥,两人一起比赛。这个方法有效果但起作用没多久。

后来这位父亲无奈之下,在儿子面前扇自己的耳光,试图用这种方法唤起孩子心底的良知。

但是仍然没用。

所有方法用尽,经朋友介绍,他们一家三口找到了我们。

分析

每天例行的家庭作业是最令家长头疼的一件事了。而辅导分心孩子的作业,更是一件有着巨大挑战的事。

他们很难长时间安静地坐着,持之以恒地独立写作业。通常他们也有书写、阅读和运算方面的困难。

所以,就算是很简单的家庭作业,他们也会表现出诸多的行为状况,如分心走神、边写边玩、拖拉磨蹭、粗心等,让家长痛苦不已。

解决方案

以下方法可以帮助大家与孩子多一些和谐共处。

(一)创造适合孩子学习的环境

包括设置单独的学习室,有良好的隔音效果,布置简单,不放与学习无关的东西,如杂志、贴画、游戏书等。

除了学习,不做任何其他的事情。尽量减少无关刺激的干扰,在孩子学习时,保持环境的安静,小声说话,轻声走路,不开电视机。

(二)固定写作业时间

和孩子约定一个固定的写作业时间,如回家后 1~2 小时。如此养成一个固定的习惯,让家长和孩子之间,拉拉扯扯的提醒与催促变得尽量少。

(三)每天讨论作业项目,拟订作业计划

写作业前先将孩子有能力自己完成的作业项和存在一定困难需要协助的作业项区分开来,确定作业完成次序。

(四)明确可期的作业时间段和休息

如果孩子能够独立完成作业,就把作业时间分成每 15~30 分钟的几个时段,运用计时器,在每一个时段结束时,检查孩子的进度。

孩子如有进步,请及时给予表扬或积分奖励。每一时段后要休息 5 分钟。

(五)给予适当协助

当孩子做作业遇到无法独自解决的困难时,你需要给予适当的帮助,而不是一味地要求他尽快完成。

无论如何,家庭作业的问题不应该成为破坏亲子关系的因素。

（六）建立家庭作业奖励制度

建立家庭作业奖励制度特别重要，孩子会很快激发出更多的自信心。大量实践表明，实施奖励制度后，家庭作业的问题便很快获得改善。

上面案例中的孩子，通过全面的评估后，我们给他制订了综合方案，包括家庭作业时间管理、注意力行为训练、父母辅导等。

经过6个月的时间，孩子的问题得到了明显的改善，孩子每天能在7点前完成作业。然后一家人开开心心地阅读和做亲子游戏。这位爸爸还写了感谢信，并邀请我们去他企业的工会讲课。

如何制订有效的代币制

/ 案例

很多妈妈听了我的微课堂,知道了对孩子要"七分表扬三分批评",下决心开始表扬和奖励孩子。可是真做起来,发现问题还真不少。

一位妈妈说:"我和儿子讲,你表现好会有奖励。"孩子很高兴地说:"妈妈你给我买变形金刚好不好?我只要变形金刚!"这位妈妈虽然嘴上答应了,但心里总觉得有点儿不妥。

另一位妈妈回家跟孩子一讲,孩子也很高兴,但是做的时候总也达不到妈妈的要求,所以没多久孩子就不乐意配合了,奖励计划也就不了了之了。

分析

对孩子来说,最吸引他们的恐怕就是吃喝玩乐的东西了。如果任由孩子来选择,最后就达不到我们想要的效果。我们就这个方面做了一些整理,最后总结出一些办法,家长可以参考。

解决方案

家长可以按照下面几条原则,制订适合自己家孩子的奖励制度。

1. 最好奖励孩子喜欢的活动。

如户外运动、看电视、玩电脑游戏、去小朋友家玩等。

2. 物质奖品可以选择小玩具、文具用品,或者某种有特殊颜色的东西。

如果是积分制,那么积分累积到一定数量就可以换一个奖品。奖品不要太贵重,不建议用糖果等食品或者金钱作为奖励。

3. 可以用"普利马克原则",用孩子喜爱的活动强化不喜欢的活动,比如可以让喜欢阅读的孩子,在做完不喜欢的计算练习后,读一会儿他喜欢的书籍。

4. 在制订奖励制度前,先与孩子沟通,明确孩子的需求,以及孩子需要达到的目标。

与孩子协商一致后白纸黑字写下来，贴在家里醒目的位置。家长在使用代币制方法时，目标行为一定要具体明确、简洁。

比如，"早饭20分钟内吃完""回家前把语数外的每项作业登记在家校本上"等，要避免模糊复杂的要求，比如"早饭要吃快点""回家作业要记好"等。

在生活中，家长也要学习发布简洁坚定的指令，并且保持前后一致。

5. 每天总结和反馈，也需要随时和定期微调。

在实施代币制的过程中，家长们会发现，孩子对某一约定的目标能很快完成，而对另一些要求则难以完成。

这时就需要找出孩子总是完不成的原因，然后与孩子再谈一谈，协商一致后，重新调整方案继续执行。

对分心的孩子来说，执行代币制不是一件容易的事情。

研究发现，10%～30%的协议或奖励方式要反复修改后，才能有效。所以家长不要抱着速战速决的态度，重要的是要坚持。

孩子不喜欢读书，阅读时不连贯，一字一顿，用手指读，跳字漏字怎么办

/ 案例

有一个二年级的孩子，看上去聪明伶俐，数学成绩好，待人很礼貌，讨人喜欢。但他最大的毛病就是不爱读书。

据家长反映，孩子小时候也爱看书，但看的都是绘本和图片。到了小学，别的孩子开始读文字书，可他家孩子就是不喜欢读。每次完成学校的朗读作业，都要家长督促，读的时候一字一顿，结结巴巴，很费力。一段文字读了十几遍还是不熟练。

慢慢地，他就越来越不愿意读，已经到了排斥的地步。

/ 分析

如果孩子不喜欢读书，一篇文章读了很多遍，还是读不连贯，跳字漏字，读速慢，那么这个孩子应该是存在阅读困难的情况。

阅读困难常见的有以下几类。

1. 形到音的命名速度落后。

就是看到一个字,到读出、读对它的音这个过程慢了。主要表现为喜欢看书,但不喜欢出声读,读书速度慢,逐字读,扫读但漏掉很多重要信息。

这种类型的孩子记字并不困难,文章中的字也都认识,但努力都用在发音上了,读得很慢、很吃力。

2. 形音捆绑不上,表现为记不住字。

这种类型的孩子情况比较严重。无论他们怎么练习,还是会出现记字困难,尤其是听写困难的情况。

这些孩子虽然读书也不流畅,但原因是不认识的字太多。

3. 视觉追踪能力落后。

视觉追踪能力欠佳,读书时容易添字漏字或串行。

/ 解决方案

1. 参加专业训练,根据不同类型的困难给予针对性帮助。

对读得慢的孩子进行命名速度训练、朗读训练、眼动训练;针对记不住字的孩子,进行汉字结构意识训练、多重感官训练,改变记字的方式。

2. 家长在家帮助其进行家庭阅读练习。

鼓励孩子养成阅读的习惯，鼓励孩子多表达，增强他们在字形和字音之间的连接能力。

上面案例中的孩子，经过我们的评估，发现只是存在单纯的朗读问题，记字和理解能力都还可以。

我们为他制订了针对性的方案，即进行命名速度、朗读和眼动的专项训练以及家庭指导练习，3个月后他不爱读书的问题就消失不见了。

孩子写作业拖拉磨蹭：经常发呆走神儿，边写边玩，首先考虑是注意力问题

/ 案例

一些孩子在写作业的过程中，边写边玩，还经常写着写着就停下来发呆，不多的作业要写很长时间，要家长在旁边不停地催促，甚至到中年级了，仍然不能自觉做作业。

这种情况让家长苦恼不已。

/ 分析

这种情况提示家长，孩子有可能存在注意力缺陷。在写作业严重拖拉的孩子中，这种情况出现得最多。

绝大多数抄写困难的孩子都存在大脑不兴奋的情况，不能连续性地学习，尤其是在抄抄写写方面，很容易感到疲倦。

家长看到自己的孩子经常发呆走神，无论是听课还是写作业，首先要考虑的是孩子有没有注意力缺陷。

/ 解决方案

对以上情况，我们要进行作业的时间管理。

1. 将提高作业速度作为主要目标，始终坚持时间管理。

具体做法：将学习任务分成几个容易完成的小任务，用定时器进行管理，对完成快的行为给予及时的奖励。

2. 改变学习材料的刺激，使其在学习过程中保持兴奋。

3. 进行作业行为观察。

找出可胜任项和需协助的项目，对作业进行监控和管理。

有一个二年级的孩子，在学校是出了名的皮大王。最让家长头疼的是孩子每天回到家都不肯写作业，要大人再三催促才心不甘情不愿地坐下来写作业。

一坐下来又开始玩橡皮、玩尺子，又说要上厕所、要喝水，家长不允许时他就"罢工"。家长打也打了，骂也骂了，但是一点儿效果都没有。

我们对他的作业行为进行观察，发现他读背速度很快，通常在10分钟内就能搞定。

比较喜欢数学，速度和正确率都可以。但就是抄写特别慢，抄一面词语或课文，竟要用2~3小时，抄写的时候总是发呆停顿，做小动作。

他真正写作业的时间并不多，而是把时间都浪费在别的地方了。

我们为孩子制订了一个时间和行为管理方案，对他进入状态和抄写项目进行管理。回到家15分钟内开始坐下来写作业就奖励他。

抄写作业根据他的注意力一次能够集中的时间，把它分成2次完成，用计时器在每个时段结束后检查孩子的进度。

如果完成得快，要及时奖励和表扬，以此来巩固他快的好行为。

同时进行专注力和自控力的专项训练。

通过2个月时间的训练，孩子养成了回到家就写作业的好习惯，抄写速度每次能在半个小时左右完成，并且不再需要大人在旁督促。

孩子妈妈看到孩子能自觉作业，非常高兴。

孩子写作业拖拉磨蹭：
小肌肉没发展好，写字又慢又累

/ 案例

小亮是一个一年级的孩子，家长因为孩子写作业特别磨蹭来咨询。

家长反映孩子3岁就能背唐诗，上幼儿园能很好地跟老师互动，回答问题也很积极。能说会道，喜欢交朋友，认识他的人都说他是个聪明的孩子。

可是上了小学没几天，小亮的父母就发现他写作业特别慢。别的小朋友半个小时就能写完的作业，小亮经常要写1~2个小时。

不但写得慢，而且还写不好。写字时很重，经常戳破纸张，歪歪扭扭，横不平，竖不直，经常写得大大小小，还写出格子。

老师认为小亮的学习态度不端正，经常让他擦掉重写。这样一来，孩子越写越慢，并逐渐开始讨厌写字了。

家长为此很苦恼，不知道怎么办。

/ 分析

一些低年级的孩子在写作业的过程中，写得很慢，经常会抱怨手酸，很可能是因为他的视动协调和精细能力没有发展好。

这种情况尤其发生在剖宫产的孩子中，大多数跟大运动、视觉空间能力发展、手眼协调和小肌肉发展不足有关。

这些孩子写字歪歪扭扭，经常写出格子，或写得大大小小。通常握笔姿势也不正确，不会跳绳，笨手笨脚。

家长不要认为孩子学习态度不好，批评责罚，或是让孩子一遍遍擦掉重写。

/ 解决方案

正确的做法是尽快找到孩子出现问题的真正原因，然后对症下药。

我们为小亮进行了学习能力细化评估，发现孩子的听语能力已经达到9周岁水平，超过了同龄人的能力。所以小亮语言沟通和交际能力很好，听课效率也高。

但小亮的感觉动作功能和视动协调能力只有 5.5 岁水平，落后年龄标准 1 年半。

肌力方面，他完全握不住单杠；平衡方面，单脚站立只能站 5 秒；协调方面，7 岁多的孩子还不会连续拍球，球拍几下就无法坚持了。

也不能连贯跳绳，背部、腰部肌肉都很僵硬。

小亮写作业慢的主要原因找到了，包括以下几个方面。

1. 下笔重，戳破纸。

说明孩子上肢对笔的控制力度不佳，对轻重的把握不好，需要锻炼上肢的肌力和对轻重物体的把握。

2. 写字歪歪扭扭，横不平，竖不直。

说明孩子手部小肌肉能力发展不完善，需要通过一些手部练习来加强。

3. 经常写出格子，大大小小。

视觉空间发展欠佳。

根据他的评估情况，我们制订了方案，从肌力、精细能力、视觉空间等方面，设计了一系列结构化课程，通过每周 2～3 次的训练，大约 6 个月的时间，将孩子落后 1 年多的能力提升到同龄孩子的水平。

家长也可以在家里带孩子做以下练习，如图形辨异、仿绘、剪纸、数字划销和迷津等。

针对年龄较小的孩子，进行抛接球、拍球、跳绳训练也会有帮助。

孩子写作业拖拉磨蹭：
视觉广度窄，抄写时看一笔写一笔

/ 案例

钱老师是我的好朋友，去年从师范学校刚毕业，在一所公立小学当一年级班主任。

一次聚会时，她跟我讲了班上一个小朋友的情况。

她说："那个小朋友很奇怪，数学学得非常好，100以内的加减法做得很快，有点儿难度的题也是一点就通，数学老师可喜欢他了，说他很聪明。但他写字特别慢，别的小朋友都是看一句写一句，至少也能看一个词写一个词，可他是看一笔写一笔，写一下就要抬头看一眼。你说他能不慢吗？我提醒过他很多遍，可就是改不掉这个坏习惯。你说，这该怎么办呢？"

▍分析

一些孩子在写作业的过程中,抄写特别慢,书本上的字词和语句,经常看几个写几个,甚至是看一笔写一笔,不能同时记忆多个字,更不能把完整的一句话抄下来。

在心理学上,把这种对视觉材料的瞬间记忆能力称为视知觉记忆能力,也叫视觉广度。

上述情况就是因为孩子视觉记忆能力不足,每次只能记住很小单位,所以需要频繁抬头看。

这根本不是孩子学习习惯不好的问题。

▍解决方案

家长可以给这些孩子多做一些视觉记忆材料方面的训练。如:给孩子呈现一个简单的几何图形,让孩子观察5~10秒,然后收回图形,让孩子将图形画在纸上。

呈现的几何图形由简单到复杂,呈现的时间逐渐缩短,如此,逐渐培养这方面的能力。

其他一些类似的游戏也很有用,如年龄较小的孩子可以做着色练习,或指出某个图形的缺失部分;大一点儿的孩子做一些实物的分类练习或拼图游戏等。

这些都可以很好地提高孩子的视觉广度,预防写作业拖拉磨蹭的情况发生。

如果可以在专业老师的指导下做这些训练，效果则更好。

后来钱老师把这些方法教给了几个孩子的家长，让家长们在家坚持练习。

据说反馈都不错。

孩子写作业拖拉磨蹭：我忘记字怎么写了

/案例

小丽今年10岁，上小学四年级，扎两个小辫，眼睛不大，看起来较为安静朴实。

小丽的妈妈说："小丽从小说话比同龄的孩子要晚，不爱说话，语言词汇量少，喜欢手工和画画。目前最大的困难就是写作业磨蹭，记不住字，听写成绩是全班倒数第一。"

因为认字太少，小丽从来没有读过一本完整的书，家里全都是一些漫画书。由于阅读能力跟不上，近一年来数学成绩也直线下降。

/分析

经过测评，我们发现小丽的智商为110，属于中等。但识字量仅相当于一年级水平，只认识300多个常用字。

阅读时必须用手指指着文字方向，一个字一个字地读，遇到不会的字不尝试着去猜，而是一直停顿在那。读完后不理解意思，回答不了问题。

对语音的记忆能力很差，一年级学过的拼音除了简单的，都忘得差不多了。阅读理解能力仅为小学二年级水平。

像小丽这样的孩子不在少数，他们的问题属于读写困难。

他们在写作业过程中一刻不停地写，很少发呆和做小动作，可就是速度太慢了。别人早就写完作业在屋外边玩了，他还坐在书桌前"冥思苦想"。

家长仔细了解才知道，孩子慢的原因是他一直在想字怎么写。学过的字容易忘，经常提笔忘字。好像学会字的速度比不上忘记的速度。

所以一到写作业，尤其是语文词语练习和写文章时，他就不知道要用哪个字，经常思考半天，最后还是张冠李戴，同音字和形近字搞混，错别字连篇。

这样的孩子往往也存在阅读能力低的情况。

解决方案

这种情况，需要先测查孩子的识字量水平，如果已经落后，就要通过专业训练补救。家长配合通过汉字结构意识训练、多感官记字等方法来提升。

当孩子的识字量水平达到同龄水平时，他的作业拖拉情况就能得到缓解。

我们为小丽量身定制了以语音和读写为主的个性化训练，我们教会她利用偏旁线索来记字，如"蝗"和"黄"发相同的音，而"淹"发"奄"的音，三点水表示与水有关，等等。同时用组词法取代原先大量的机械化抄写，并进行语义联想、语音记忆训练、听助读以及同伴阅读等练习。

经过6个月的练习，小丽的识字能力有了很大的提高。在家中能自己读文字书了，识字量也增多了。

听写错误由原来的80%下降到30%，读课文与背课文的能力有了明显提高，数学成绩提高到了中上等水平。语文成绩由班上倒数升至中等，家长终于可以松一口气了。

帮助记不住字的孩子记忆汉字：
抓住形、音、义和汉字结构

▍案例

小亮今年上小学三年级，动手能力强，参加乐高比赛经常获奖，数学题也做得很好，大家都说他很聪明。

但小亮最害怕上语文课了，他的识字量还不到1000个，每次老师要求听写词语，他就抓耳挠腮，如坐针毡。因为他总是想不起来这个字怎么写。明明昨天晚上默写了2遍，又把错的订正了3遍，可是今天又忘记了。

每次总是记住的速度赶不上忘记的速度，听写老是不及格，总是挨批评，他都快失去信心了。

▍分析

这种情况在小学生中并不少见。这些孩子看起来聪明伶俐，能言善辩，但就是记不住字，听写错误率高，写作文提笔忘字，经常搞混形近字和同音字，甚至把字写反，如把"陪"写成"部"，"b"和"q"不分，这些孩子在人群中占10%～15%，他们得了"读写困难症"。

对这些孩子，常规的做法，比如"不会的字多抄几遍，多读几遍"，往往收效甚微。

教师和家长需要教给他们一些更适合他们认字、记字的方法。

/ 解决方案

那么应该怎么帮助他们科学有效地记忆汉字呢？我们将几种有效的方法分享给大家。

（一）形、音、义结合法

汉字不仅仅是一幅图画，也不仅仅是一个声音，而是音、形、义的结合。

如果孩子只是根据字音，或者只是根据字形来记忆汉字，很可能记不好。

所以，对记不住字的孩子，在学习生字的时候，家长可以一边让孩子抄写，一边让孩子大声朗读正确的读音，然后让孩子用学过的汉字造一个简单的句子。

（二）训练孩子的汉字结构意识

汉字虽然复杂，但总是有规律的。比如，大部分汉字都是形声字，形旁代表汉字的意义，声旁提供汉字读音的线索，孩子对这种规律的意识，就是汉字结构意识。

据统计，汉字里面有大约 80% 的字是形声字，也就是说，大部分的汉字都是有结构和规律的。如果孩子能够掌握这些规律，那么对他们记忆汉字将有非常大的促进作用。

如"消"字，左边的三点水表示这个字和水有关，右边的"肖"表示这个字的读音。

帮助记不住字的孩子记忆汉字：材料、通道多样化

/案例

小廖是个二年级的学生，他的特点是上课老是坐不住，小动作一刻不停。老师讲课他不听，教室外面有什么风吹草动，他倒是很关心。

除了上课注意力不集中，最让小廖妈妈头疼的还是他不肯认真记字和写字。

每次学生字，老师要求每个生字抄写5遍。他拖拉磨蹭，边写边玩，几行生字要抄1个多小时。最要命的是抄完好像跟没抄一样，压根儿没记住。默写大部分都不会，让他再读读背背，他又极不情愿。

每次因为抄写默写的事，母子俩总会闹矛盾，有一次妈妈一气之下还打了小廖。

分析

这个例子中的小廖明显是个注意力不集中的孩子。这些孩子对于抄抄写写这些枯燥的学习任务，往往缺乏兴趣，没有耐心。他们记不住字，往往不是能力不够，而是他们觉得学生字很枯燥，不愿意学。

像这种情况，我们需要想办法增加孩子学习时的趣味性，让孩子保持大脑的兴奋度，只有把识字变成一项好玩的游戏时，他们才真正学得进去。

解决方案

以下提供两种好用有效的方法。

1. 汉字材料多样化

记不住汉字的孩子，往往对汉字的形状不敏感，也对学习汉字没有什么兴趣。

所以，我们一定要设计一些有趣的汉字材料，比如，在字的大小上进行设计，也可以在字的颜色上进行变化，或让孩子用彩色笔标注汉字的不同偏旁，加深印象。

2. 学习通道的多样化

一般情况下，孩子学习汉字的通道是视觉的，通过眼睛来记住汉字。但有些孩子恰恰是视觉能力出现了问题，他们通过视觉通道学习汉字的效果不好。

这时候，我们就要告诉孩子，让他们使用其他通道，比如触觉通道，可以让孩子闭上眼睛，在沙子上写字，在一大盆米里面写字。或者在孩子后背写汉字让孩子辨认，这些都是触觉通道的汉字学习方法。

后来小廖在老师的指导下，学习制作自己的识字卡片，用彩色标注，并每天玩拼字、剪字的游戏。

一个学期下来，他不再抵触识字，记字的效率也高了很多，期末生字词测试，还得了 93 分。

帮助记不住字的孩子记忆汉字：联想表达法

/ 案例

小秦妈妈是一位幼儿园老师，她的儿子今年刚上一年级。她发现儿子不喜欢识字记字，练习识字时，就算妈妈陪在旁边，小秦同学也会东看西看，注意力没法一直放在要认的字上，要妈妈经常提醒。

更让妈妈苦恼的是，小秦好像对识字不感兴趣，抄写生字每次都敷衍了事，一副漫不经心的样子，写出来的字潦潦草草，有时甚至辨认不出来。

因为不喜欢识字记字，小秦学习语文时很费力，很多字不认识，试卷也读不懂题，扩词造句时很多拼音不会写，不多的作业要写很久。

小秦妈妈上学时是个品学兼优的好学生，看到儿子学习这样，妈妈不免暗自伤心。

分析

小秦也是一个注意力不集中的孩子，他对枯燥的学习任务缺乏兴趣。要想提高他的学习兴趣，家长就要想办法增加孩子学习时的趣味性。

除了上文提到的方法之外，结合小秦想象力比较丰富的特点，我们建议妈妈在家用联想表达法帮助孩子记忆汉字和复习巩固学习过的生字词。

解决方案

什么是"联想表达法"呢？

顾名思义，"联想"就是展开想象力，"表达"就是用语言说出来。这个方法就是用说故事的方法来记忆汉字。

比如"妹"字，可以说成"未来的女孩是妹妹"，"悲"是"我的心非常悲伤"。编一个小故事，用短小句子的方式把字说出来，包括字形、字音和字义。

这个方法对一些注意力不集中、觉得记字比较枯燥的孩子来说，能够起到调动兴趣和激发好奇心的作用，让孩子对汉字有深刻印象，从而可以在生活中应用。

再比如"针",可以这样来记:"十个用金属做的针";"游"是"有个姓方的小子戴着帽子在水里游泳";"拜"字,右边可以把它想象成一个杆子上挂着四包礼物,过年的时候我们手里拿着一根杆子,杆子上挂着四包礼物去给长辈们拜年;"晒"字是"西边的太阳也很晒人啊";"安"字是"家里有女人就很安心"。

大家可以充分地发挥想象力,编出很多故事。孩子只要用这种方法来记字,一般来说是不容易忘的。

小秦妈妈在我们的指导下,每天晚上睡觉前用20分钟和小秦玩讲故事识字的游戏,还不到一学期的时间,小秦就爱上了识字和记字。学校老师也夸他"进步很大"。

如何培养和提高分心孩子的阅读习惯和能力

/ 案例

两年前,隔壁张阿姨家的孙子小群从老家回来,上了学区里的小学。可是上学才不到一个月的时间,学校老师就找张阿姨的媳妇去学校。

老师反映孩子上课总不在状态,经常回答不上老师的提问,拼音教了好多遍还是记不住,学起来很费力。

到了一年级下半学期,孩子的阅读明显跟不上同班同学。表现为不爱读书,读书结结巴巴,用手指着读,经常跳字漏字,读完后根本不理解意思。

班主任很着急,多次找到家长,希望家长在家里一定要重视孩子的阅读。

老师说："小学一、二年级是学习阅读的黄金期。这个阶段做好识字阅读的积累,三、四年级才能顺利理解文章的意思。"

可是小群似乎在阅读方面就是不开窍,尽管妈妈每天都让他读书,可是他就是不爱读,也读不好。真是愁死大人了!

分析

注意力不集中的孩子一般都有不爱阅读、爱看图画书的习惯。很多注意力不集中的孩子,就算上了高中,也还经常拿着本漫画书津津有味地看。

家长尤其要注意从小培养孩子阅读,尤其是出声朗读的习惯,这对提高低龄分心孩子学习时的自我监控力和注意力非常重要。

如果一个孩子能够坚持几年朗读文字材料,那么他的学习问题通常就不再是问题。

解决方案

那么,要想尽快提高孩子的阅读能力,家长可以怎么做?

1. 每天固定时间朗读。

多读生疏内容,不要只读课本。

2. 低年级多读故事类文章(如童话、寓言),中高年级多读说明类、议论类文章（如动物、科技文），内容选择孩子感兴趣的。

3. 读时先解决熟练和连贯问题，不指读，不会的字先跳过，不要停下来纠正。

阅读的目的在于理解。

4. 如果孩子不认识的字太多，可以先提高孩子的识字量，或先让其学习掌握句段中的生字，然后再读。

也可以分享读，你读一句（段），他读一句（段）。

5. 如果孩子不肯读，请勿批评和惩罚。

与孩子一起约定奖励制度，每次读完立刻给予激励。

6. 阅读属于一种技能，练得越多，读得越好；读得越好，理解越好。

除了大量读，没有捷径可走。

孩子写字大大小小，超出格子，就像画画一样，怎么办

/案例

小芸上小学一年级，是个乖巧懂事的小女孩，说起话来绘声绘色，词汇很丰富，是个人见人爱的姑娘。

但她在学习上有个很大的烦恼，只要一写字，手就不听使唤，总把字写到格子外面。

与她游刃有余的语言表达相比，小芸在写字方面显得很笨拙，甚至常常力不从心。

/分析

孩子写字大大小小，经常超出格子，就像画画一样，家长通常会认为这是孩子态度不端正、不想写好造成的。

其实孩子已经擦掉重写了几遍，但还是写不好。

那写不好的原因到底是什么呢?

1. 视觉分辨能力低。

写字是在涂鸦与仿绘的基础上发展起来的能力,如果孩子对点、线、面的辨认能力不够,就会影响其对字形的辨别,甚至会影响他们对事物归类、比较或分析等抽象思维能力的发展。

2. 感觉动作能力低。

如果孩子手部肌力不够,就会造成写字时方向、距离和角度,甚至轻重控制不佳。

手部控笔能力欠佳,不是字写得太大,跑到格子外面,就是写得太小,缩在格子的一个角落里,或是用力太重或太轻,划破纸张或看不清,整个字的组合很难看,歪七扭八,错误连篇。

/ 解决方案

如果孩子出现写字大大小小,超出格子,就像画画一样这些情况,家长千万不要只是简单地认为是孩子态度不好,想偷懒,也不必太过焦虑。

我们可以从以下方面补救和提升。

1. 参加专业训练，并且越早越好。

我们通过专业评测，精准找到问题所在，为孩子安排适合目前发展水平的桌面训练教案，开展结构化和个性化训练。

2. 制订一套动作协调和肌力练习的方案。

具体指导家长在家操作，如练习仿绘、运笔画图、图形拼配、涂鸦着色、剪纸、译码和走迷津等。

只要匹配合适难度的材料，由简到难的逐步提升，一般经过3～6个月的时间，孩子的这些情况便可以得到很大的改善。

孩子背课文困难，
一篇课文要背一个多小时，怎么办

▎案例

最近有好几个妈妈因为孩子背书的问题深受困扰。仔细一问，原来大家反映的情况差不多。

一是孩子背课文时间太长，一篇 200～300 字的文章，竟要背一个多小时；二是记得不准确，好不容易背完了，也是添字少字，错误百出。

让孩子重背，一来孩子不乐意，二来还有别的作业要做，没有时间；不重背，第二天默写肯定一塌糊涂，到时返工也是必然的，弄不好老师还会责备家长监督不力。

唉，真是烦心极了！

分析

孩子记不住知识只是表象,背后是与学习有关的阅读困难、注意力不集中的情况有关。

如果家长只是一味地要求孩子死记硬背,非但于事无补,还容易引起孩子的抵触情绪。

有条件的家庭可以找专业老师,对孩子的学习能力做一个全面评估,找出孩子背不好书的根本原因,然后针对性地给出解决方案,才能真正提高孩子的学习效率,从而提高记忆力。

尤其是分心的孩子,他们记不住、背不全的根本原因就是听觉工作记忆的问题。只有把这项能力提高到相对应的年龄标准,才能真正克服背书困难。

解决方案

家长也可以用以下的方法在家教育和提升孩子们的背书能力。

1. 让孩子出声阅读,平时多练习朗读和背诵。

2. 长时记忆不好与记忆时的分心和不兴奋有关,这种情况要训练孩子的注意力。

3. 运用滚筒式记忆法。

具体做法：先将要背的文章按句子标号，一般以一句为一个记忆单位。认真地、一字不错地将第一句读两遍，做到眼到、心到、口到。

然后合上书本，在脑子里回忆刚才读的那句。

回忆正确后，继续读第二句两遍，然后合上书回忆。

再将第一二句读一遍，回忆一遍；第三句读两遍，回忆一遍。依次类推。

睡前再把整篇回忆一遍。

如何表扬和批评孩子

/ 案例

在咨询中,很多家长对孩子的分心行为"深恶痛绝"。

一位妈妈说:"每天上班都提心吊胆的,就怕学校老师打电话过来投诉。"据老师反映,她的孩子上课经常不好好听讲,老师讲课他插嘴,做小动作,干扰同桌。回到家写作业没有哪天是自觉的,天天要盯在旁边。

为了孩子的学习,妈妈每天神经绷得紧紧的,生活似乎失去了该有的乐趣。

我跟她说:"您要多看看孩子身上的优点,不要整天盯着他学习上的缺点。"

这位妈妈一脸愁容地说:"他哪有什么优点啊,在我看来只有缺点!"

/分析

很多家长只关注孩子的缺点，对孩子的优点视而不见。

例如：孩子放学后自觉做作业，家长认为是理所当然的事，没有给予表扬；而孩子一回家就看电视，家长可能就会大声训斥。

如果孩子的生活中只有批评，缺少表扬，那么孩子会变得自卑，有的甚至自暴自弃，或者故意制造一些消极的事来引起家长的注意。

但是很多家长既不懂得如何表扬，也不知道怎么批评。

/解决方案

如何表扬和批评孩子呢？

1. 表扬的目的：让好行为持续发生，孩子获得成就感，亲子关系变好，孩子更愿意合作。

批评的目的：消除或减少不良行为，让孩子吸取教训，避免再犯同样的错误。

2. 表扬和批评一定要及时、要明确具体，表扬每一个细微的进步。

批评对事不对人，批评的态度要心平气和，三分批评七分表扬。

3. 表扬的方式：口头夸赞、肢体接触（如抚摸头部、拥抱一下或微笑着给予肯定的目光等）、物质奖励（贴纸、小卡片、盖印章或给孩子爱吃的零食）、活动（自由阅读和玩耍时间、看动画片和打游戏等）。

批评的方式：不要过于严厉，不要大声斥责或打骂。限制看电视时间、完成约定的家务劳动、取消原先获得的奖品、暂停或者隔离。

如何陪孩子写作业

/ **案例**

有位妈妈因为孩子写作业分心走神、边写边玩烦恼不已。

她的孩子今年上三年级了,每天回家做作业都需要家长时时刻刻在旁边督促。

只要家长离开一会儿,孩子就开始玩橡皮、玩尺子,注意力就不在学习上了。

妈妈苦口婆心的教导没有什么效果,无奈只能天天一下班就守在孩子身边。

妈妈每天上完班回到家,已经很辛苦了,一下班又进到另一个战场。时间一长,妈妈身心俱疲,自然对孩子多了很多抱怨,一看到孩子走神分心,气就不打一处来。

孩子渐渐有了抵触情绪,亲子关系也变得不和谐了。

/分析

分心孩子并非不爱学习,他们什么道理都懂,可就是做不到。尤其是面对枯燥的学习任务,他们往往容易厌烦和失去兴趣。

如果家长不注意沟通方式和语气,他们就很容易发脾气和对抗,进而使亲子关系陷入僵局。教育注意力不集中、作业拖拉的孩子,家长一定要用智慧和方法。

/解决方案

家长应该怎么做呢?

1. 尽量保持平和的情绪。

做老师和孩子之间的一堵防火墙,不做情绪的接力棒和传声筒,给孩子建构安全的壁垒。

2. 始终坚持做好时间管理和行为管理。

对于注意力不集中的孩子,需要不停地、及时地反馈他的学习进度,这样他才能始终保持大脑的兴奋度和学习的动力,这是我们家长教育孩子时最需要做的。

如果能坚持3个月或者一个学期,你会发现孩子的时间观念也好,学习行为也好,自我管理能力也好,都可以得到非常大的进步。

3. 陪伴孩子学习的时候，要坚持七分表扬三分批评，多鼓励和表扬孩子。

孩子有一些不好的行为的时候，可以运用批评的方式，除了口头批评，还可以结合奖励制度进行惩罚。

取消特权和奖励就是一个很好的方法。

你会发现当批评用得多的时候，尤其是有时候语气重的时候，孩子很容易陷入一些负面的情绪当中。

这也是注意力不集中孩子的特点。

如何培养孩子的时间观念

/案例

孩子做事磨蹭拖拉,没有时间观念,这让许多家长头疼。

这些孩子做起事来感觉总不在状态,一点儿都不着急,要大人在旁边不停催促,始终长不了记性,真是"皇帝不急,太监急"!

一位妈妈说自己每天早上起来都像打仗似的,先做好早饭,接下来就是赶紧催孩子起床。

因为她的孩子每天起床都磨磨蹭蹭,要大人连喊带拉。好不容易从被窝里拉起来,穿衣服、刷牙、吃早饭又都拖拖拉拉,要妈妈盯在身旁不停催促。

整个早上,家里常常弄得鸡飞狗跳,充满了焦虑的气氛。

/ 分析

分心的孩子，最核心的问题就是自我管理能力低下。

学龄前主要表现为吃饭慢，做事磨蹭，没有时间观念，一些生活习惯很难养成。

学龄后一涉及学习，写作业拖拉、听课走神儿等情况才凸显出来。几乎所有存在分心问题的孩子，他的分心表现都可以追溯到幼儿园时期甚至更早。

所以，我们要在孩子小的时候，就注重培养他的时间观念，这对于养成良好的生活和学习习惯，预防分心非常重要。

/ 解决方案

要怎样培养和改变呢？我们先做好以下两点。

1. 从管理孩子的吃饭睡觉着手。

一个孩子如果缺乏时间观念，做事和学习磨蹭拖拉，那么他也可能是个吃饭慢的孩子。吃一顿饭要用一小时，小朋友在那不紧不慢，家长在旁边干着急。

这些年来我发现，那些在孩子吃饭问题上妥协的家长，往往后来在管理孩子的学习中也经常败下阵来。

家长应该在孩子吃饭和睡觉前，规定一个时间，比如吃饭 20 分钟结束，时间一到就撤碗，饿了也不给零食。当然家长的决心要足够坚定,这样孩子才能逐渐适应并养成习惯。

有些孩子睡觉很晚,到了晚上 11 点还是不肯睡,搞得家长身心俱疲。

最好的方法就是全家规定一个上床睡觉的时间,到时间大人和孩子都上床。不是累了才要睡,而是到时间就得睡。

每个家庭都要制订一个适合自己家庭生活的作息表,做每件事都有一个长期固定的时间节点。就像给孩子们的生活做框架,这样他们就知道什么时候该做什么了。

当然,我们大人也需要足够的自律,只有以身作则,孩子才会以我们为榜样。

如何应对孩子发脾气

/案例

在我接触的咨询案例中,孩子发脾气是最令妈妈们头疼的事情之一。

有位妈妈讲了孩子在幼儿园发生的这样一件事。

孩子因为不好好午休,被老师批评了几句,就大吵大闹,把睡觉的床差点儿掀翻了。

老师无奈只好把家长请到学校,家长安抚半天才算平息风波。

另一位妈妈说,她家小朋友上课时不按老师的要求做,老师纠正了一下,他就开始发脾气、搞破坏,一刻不停地闹腾,直到放学才平静下来,这样的事情让家长和老师不知所措。

分析

孩子发脾气,是一种情绪的宣泄,适度发泄有利于孩子的身心健康发展。

孩子如果经常因为一些小事发脾气,行为不能自控,大人劝阻无效,原因可以从以下几方面进行分析。

1. 家庭教养方面。

家里大人太娇惯孩子,过度满足孩子需求,孩子不顺心就发脾气。或者家长缺乏良好的亲子沟通方式、语气和技巧。

2. 生物学方面。

主要考虑食物不耐受,典型的表现为经常坐立不安、容易兴奋、没安全感、爱哭、经常发脾气、攻击别人甚至控制别人。

3. 学习能力和自控力方面。

有的孩子沟通能力差,不会很好地用语言表达,往往用情绪来表达需求。

有的孩子注意力和自控力差,不能安静坐下来,耐心做一件事,很浮躁。

有的孩子不能很好地控制自己的身体姿势,以及小肌肉的协调，在做作业或某些体育活动时，经常做不好。久而久之，孩子便产生了挫败感和压力，也变得容易发脾气。

/ 解决方案

1. 运用行为管理方法减少或停止打人行为。

明确告诉孩子动手打人是不良的行为，如果发生，将立刻受到惩罚。

结合孩子家庭正在实施的代币制，建议采用取消奖励的方式。数量大概是一周的奖励所得。

2. 教会孩子合理发泄和正确应对情绪的小方法。

比如可以通过撕纸、涂鸦、打沙袋或者骑自行车等方式宣泄情绪。

3. 每天多一些肢体的抚触或紧紧的拥抱。

爱发脾气、自控力差的孩子，其实他的大脑神经系统经常处在紧张的状态下，也更缺乏安全感。

抚触和拥抱可以很好地帮助他们缓解焦虑、稳定情绪。

家长们每天抱抱孩子，给孩子睡前泡泡脚、按摩下，都可以有很好的效果。

有一位妈妈反映孩子最近1个月在家经常发脾气，还动手打妈妈,她为此感到很伤心。

有一次她不小心碰到了孩子,孩子就大发雷霆,动手打妈妈。奶奶去接的时候,多唠叨了几句,也被孩子打了。

这个孩子明显是一个缺乏自控力的孩子,他在行为控制和情绪控制方面比较欠缺。

他在学校上课走神发呆,经常做小动作,是个注意力不集中的孩子。

经过沟通,妈妈接受了我提出的建议,改变了自己的教育方式。

经过一段时间的注意力行为训练,孩子上课几乎不做小动作,并且开始自觉阅读,做作业也不再抗拒,速度也比之前快多了,孩子在情绪控制这方面的改变也非常明显。

如何为分心孩子选择合适的运动

/案例

很多家长都知道运动对促进孩子的注意力有帮助。所以幼儿园时给孩子报跳绳班、轮滑班；上了小学又让孩子踢足球、打羽毛球等。

以为做了这些运动项目，孩子的注意力问题就能解决了。

一位妈妈，孩子得了多动症，从小坐不住，上课分心走神，作业拖拉磨蹭，学习比较困难。她听信网上有人说的跳绳训练可以治好多动症，就每天让孩子在家练习跳绳，一开始每天跳100下，然后增加到每天300下，到最后孩子每天跳500~1000下。

我问她："有效吗？"这位妈妈说："孩子跳完绳去写作业，确实能安静一会儿。饭量也比以前好。但是，学习时还是经常走神儿，理解力不好，做作业还是慢，质量差。"

/分析

较高强度的有氧运动确实可以帮助孩子集中注意力、改善情绪和提高大脑活力。但如果只想通过跳绳这个单一项目，就想解决注意力问题，那是远远不够的。

因为注意力问题是一个较为复杂的情况，涉及的心理加工过程很多。但毋庸置疑，分心的孩子做一些运动，还是很有必要的。

/解决方案

以下介绍几个适合孩子的运动项目。

1. 游泳。

无论年龄大小，都可以长期进行。游泳可以发泄掉过剩的精力，促进胳膊、腿和呼吸之间的协调，对心肺功能的锻炼非常明显。

对一些容易紧张焦虑、压力大的孩子来说，能在水里嬉戏玩耍，是一种很好的减压方式。

2. 骑自行车或快步走。

每天半小时以上，或走满一万步。或者每周2次，每次2小时的羽毛球，也是不错的选择。

如果孩子比较敏感，不善交际，足球运动是个很好的选择。踢足球时活动量大，对体能的锻炼效果好。

因为是团体活动，对孩子社交能力的促进有很大帮助。很多不擅长运动，但喜欢户外运动的孩子，在运动中能够极大地提高自信心。

最关键的是，足球运动可以解放我们家长。不像其他项目一样通常需要家长的陪伴。

对一些分心的行为表现，比如孩子到处走动、心不在焉、跑错方向或去逗旁边的猫猫狗狗等，家长不需要去制止。

只要孩子对团体运动有兴趣，喜欢玩，玩得开心，愿意和别的小朋友互动交流，玩得好不好其实不重要。

如何选择适合的学校环境

/ 案例

在工作中,我遇到很多家长,当孩子在学校出现分心问题,学习生活遭受挫折时,家长问得最多的就是要不要给孩子换一所学校?

也有一些孩子面临幼小衔接问题,当他出现不适应环境和有学习行为问题的时候,家长对于选择哪所小学,也会特别纠结。

/ 分析

分心的孩子大多数智力正常,甚至优秀,他们有的能言善辩,有的具备表演才能,有的拥有某些艺术天赋。

神经系统发育的问题,导致缺乏自我管理能力和自控力,有些孩子伴随学习能力,如协调、语言表达或者读写技能等的落后，使孩子良好的潜能不能充分发挥出来。

他们需要家长和老师更耐心的关爱和专业的教育支援，也更需要适合他们成长的学习环境。

/解决方案

下面为北京师范大学心理学院刘翔平教授的几点建议，供大家参考。

1. 与其选择优质学校、优质班级，还不如选择普通学校的小班教育。

优质学校或重点学校往往学生人数较多，教学管理和教师压力都很大，不一定适合分心的孩子。

2. 选择有爱心、有耐心的班主任。

如果老师懂得一些分心方面的专业知识，那么对孩子的成长无疑是最好的。

3. 加强沟通。

家长和老师，以及儿童问题专家之间能够进行良好的沟通和合作是非常重要的。

当家长发现老师对您的孩子很用心，请表达您的赞美和感激之情，尽您的能力协助他的工作，并敞开心扉接受老师的意见。

这样老师会有动力和信心来处理您孩子的问题。

4. 座位的安排。

教室环境应尽量减少容易让孩子分心的刺激，让孩子把更多的注意力放在老师身上。

家长也可以要求老师将孩子座位放在最前面，或者靠近老师讲课的位置，以便随时监控。

另外，封闭性的教室，因为不受外部噪音的干扰，更适合分心孩子。

5. 不建议孩子进入寄宿学校学习。

尤其是年龄较小时更应如此，因为此时的他们更需要家长的细心关照和督促。

学音乐、下围棋能提高注意力吗

/ 案例

经常有家长问我,学音乐是不是可以提高孩子的注意力?学钢琴是不是能矫正手眼不协调?学书法是不是能提高孩子的专注力?

小玲的妈妈咨询时说:"我家孩子幼儿园时就出现了注意力不集中、坐不住的现象,别的小朋友上课能认真听讲,跟随老师的节奏回答问题,我家孩子坐在座位上东张西望,不听指令,还经常离开座位。"

为了这事,幼儿园的老师约小玲妈妈单独谈过几次。小玲妈妈开始没放在心上,认为孩子年龄小,坐不住也是正常的。但老师约谈了几次后,她也开始着急了。

她向身边的朋友们讨教方法,结果很多人告诉她,孩子注意力不集中,坐不住,给孩子报个围棋班、画画班或者书法班吧,这样孩子就能静下心、坐得住了。

后来小玲妈妈给小玲报了个围棋班,每周去上2次围棋课,每次1.5小时。刚开始上课学的内容比较简单,老师也很耐心地指导,小玲还能坚持上完课。但没过多久孩子就不喜欢了,经常课上到一半就要走。

小玲妈妈虽然还是坚持送去上课,但一年多来,小玲愈发抵触,后来就只得放弃了,而小玲的注意力问题没有丝毫的改变。

眼看马上就要上小学了,小玲妈妈真是急得不行了。

/分析

孩子出现学习行为问题,家长们往往内心非常焦虑,容易"病急乱投医",想尽快解决问题,这种心理也是可以理解的。

但是,孩子分心,背后的原因是很复杂的。如果没有找到问题的真正原因,盲目去做,往往事与愿违。

浪费了金钱不说,还浪费了孩子宝贵的时间。

/解决方案

孩子的分心问题,大多数跟孩子缺乏学习能力和自控力有关。

比如，一个 7 岁孩子上课总走神儿，可能是因为他的听讲能力低于同龄孩子的标准，可能只有 5 岁水平，他用 5 岁的听讲能力来听 7 岁的课，自然是听不懂的，分神也就不奇怪了。

再比如，一个 6 岁的孩子上课坐不住，老是在位置上扭来扭去，只是因为他腰部的肌力不够，他坐一会儿就会累。我们针对性改善他的核心肌肉的力量，仅用 2 ~ 3 个月的时间，他就能坐得直直的，上课再也不分心了。

舒尔特方格表对减少孩子分心有用吗

/ 案例

最近有家长拿给我一叠表格，一共 30 张，每张都印有不同数字组成的表格，这些数字是随机排列的。

我一看，原来是舒尔特方格表。

这位家长跟我说："孩子练习了一个多月了，可并没有什么效果。网上卖表的人说'练习一个月肯定有用'，可我让孩子天天练，几乎都能背下来了，孩子已经出现抵触心理了，我还要不要继续让孩子练呢？"

/ 分析

舒尔特方格表是心理学家发明的用于练习眼动的材料，很多家长把它当作注意力训练的法宝，认为只要每天练习，孩子的注意力就能提高。其实不然。

注意力问题主要分为两个类型：一类是多动冲动型，主要表现为不能延迟需要满足、不能控制冲动、上课违反纪律、打扰别人、人际关系不好、有对立和违抗的行为。

这个类型的孩子，需要进行自我管理和社交技能的训练。他们通常智力水平高，看上去不听课，可是成绩很好。

另一类是唤醒不足型，这个类型的孩子主要问题是兴奋不够、容易疲倦或者无精打采。这类孩子的智商一般或不高，成绩不好。

他们需要练习专注力、学习速度、时间管理、工作记忆和手眼协调能力，甚至需要进行读写能力等高级训练。

/ 解决方案

注意力问题的复杂性，决定了它的干预也将是一个复杂而长期的过程。

除了专业的训练方法，家长还需要改变自己的教育方法。接纳孩子的缺点，以爱的态度来教育，不被孩子的症状所困扰，还要学会发现孩子身上的优点。

如果指望任何单一的训练，如感统训练、数字追踪训练或者生物反馈训练就能解决问题，未免有些天真。

家长要有自己的判断。

心理咨询对改善孩子分心有用吗

/案例

有两件事让我印象很深。

一个五年级的男孩妈妈来找我们,原因是孩子不想去学校,想休学在家。去医院看了才知道,孩子得了泛自闭症障碍症候群(Autistic Spectrum Disorders,简称ASD)。

他去不了学校是因为他不会社交,无法适应学校生活。

经了解,他来之前已经在当地一个知名的心理咨询师那里,接受了将近1年半的心理咨询,可是没有一点儿效果,孩子的情况越来越严重,学都不去上了。

另一个幼儿园中班的孩子,因为坐不住,语言发育迟缓,也在一位心理咨询师那里接受每周一次的心理咨询。1年过去了,还是坐不住,说话不好。

/ 分析

当孩子出现一些学习行为问题,如上课不认真听讲,做小动作,写作业拖拉磨蹭、边写边玩、静不下心,对学习不感兴趣,家长往往会认为是孩子习惯不好,家教不好,或者怀疑孩子心理出了问题。有些老师会建议家长带孩子去看心理医生或心理咨询师,以帮助解决孩子的问题。

这些年来,我接触过很多带孩子去做心理咨询的家长,他们坚持了半年,甚至更久,可还是没能解决孩子的问题。

这是为什么呢?

因为大家往往只看到孩子学习行为的表象,没有认识到核心的原因是孩子学习能力和注意力水平发展未达到年龄标准,大脑皮质功能不完善。

本末倒置,没有在核心问题上下功夫,只盯着表面现象,最后既治不了标,也治不了本。

还有些老师,认定孩子的问题就是家长的问题。解决孩子的问题,最后变成了剖析家长;有些老师"头疼医头,脚痛医脚",孩子情绪不好,就做情绪辅导;协调不好,就做感统训练。

却不知这些情况,可能都只是注意力问题的伴随症状。不能看到大树,一直在处理枝枝叶叶的东西。枝叶剪了,过不多久又会生出来。

所以反反复复，最后弄得大家都筋疲力尽。

/ **解决方案**

所以，要想解决孩子的学习行为问题，评估和判断是最为重要的。全面的评估，要从三个维度去看，即孩子的生理、心理和行为，也就是身体怎么样、能力怎么样、自我认知怎么样。

然后得出综合性的判断，对孩子目前的情况做出详细的描述，明确解决方案。

这个方案是为孩子量身定制的。如果孩子缺乏能力，就得做能力训练；如果食物不耐受，就得做饮食管理；如果家庭教养不当，家长就需要调整教养方式。

上述的两个孩子，五年级的孩子需要接受的是情绪管理和社交的补救训练，为他顺利回归学校做准备；另一个幼儿园的孩子，要尽快提升语言沟通能力和自控力，为上小学打好必备的基础。

不可迷信感觉统合训练

/案例

很多家长把孩子注意力问题的原因归结为"感觉统合失调"。他们认为，孩子注意力不集中，行为适应受挫，学习困难，只要做感统训练就能解决。

这样的观念在很多家长中深入人心。一些培训机构也打着感统训练的名义大力宣传，吸引家长去报名。

结果如何呢？

我们这些年接待过太多参加过感统训练的孩子，他们中有的在医院参加感统训练，时间短则三个月，多则有两年之久；有的选择了大品牌的培训机构，通常训练六个月到一年。

但是训练完，孩子仍然存在学习效率低，注意力不集中，课业成绩不理想等情况。

/ 分析

感统训练主要改善和解决孩子平衡、肌力和协调等方面的问题。尽管它对孩子分心有一定的积极意义,但我们不能夸大这种训练的效果。不能片面地认为感觉动作落后就是导致注意力问题的直接原因。

我们在中小学也经常可以见到动作正常,但注意力不集中的孩子。所以不能说,只要我们把孩子的感觉动作能力提高了,他们的注意力就集中了。

一些研究表明,感觉动作训练对注意力分散有缓解作用,但不能从根本上解决。

/ 解决方案

要不要选择感统训练,以下几个因素可以考虑。

1. 孩子是否缺乏感觉动作能力。

如果是肯定的,那么孩子的注意力问题可能会因动作协调问题而变得严重。如果回答是否定的,那可以认为孩子的注意力问题与感觉动作没有直接关系,可能是大脑的抑制功能或其他原因导致了分心。

2. 孩子的年龄。

一般来说,在孩子小的时候(7岁前),感觉动作能力对孩子的影响较大。而到了小学阶段，孩子发展的重点和任务应该是提高学习阅读能力，发展思维逻辑水平。

3.感觉动作训练对学习成绩没有提高作用。

如果你的目的是提高孩子学习成绩，那么感觉动作训练是没有用的，而提高学习能力或克服学习障碍的个别化训练才是有用的。

孩子得了抽动症怎么办

/ 案例

几个月前的一个早上,我刚忙完手头的工作,正想休息。手机短消息声音响了,我一看,是表嫂发过来的。

表嫂在一所公立小学任教,平时聚会总会和我讨论班上一些孩子的情况。

表嫂在微信里留言说,她的一位同事,孩子刚上一年级,疫情期间在家上网课,一回到学校,就发现孩子不停眨眼、清嗓子、扭脖子或者翻白眼。

到医院一查,得知孩子得了抽动症,这下妈妈吓坏了,想马上来见我。

我们约了时间,妈妈带着儿子来到我的办公室。我详细看了医院的报告,仔细询问出生和养育史,最后给了她几点建议。

/ 分析

上面这位教师妈妈,因为职业的关系,工作压力大,老公又常年在外工作,一个人照顾孩子很辛苦。妈妈又是个追求完美的人,经常抱着"好了可以更好"的心态,照顾孩子时,难免期望过高,对孩子比较严格。

而孩子性格又比较敏感,容易受暗示。一看到妈妈回来表情严肃,就认为自己又做错什么,让妈妈不高兴了。有时妈妈批评几句,他也容易掉眼泪。平时很喜欢看书,一坐就是大半天,不太爱运动。

最近回到学校突然出现清嗓子、眨眼睛、耸肩膀这些抽动的早期现象。

抽动症多发生在5~10岁的男孩身上,是一种突然、短暂、重复和刻板的肌肉抽动发作,常表现为眨眼、挤眉、龇牙、做怪相、耸肩、转脖、点头和躯体扭动等,情绪紧张时加剧,精神集中时减少,睡眠时消失。

有关资料显示,有抽动症的孩子近一半会合并多动症的表现,两者可称为"姊妹病"。而多动症的孩子约10%会伴有抽动症。

抽动症还容易伴有强迫症，男孩的发病率是女孩的 4～9 倍，大约 25% 的孩子的抽动症会持续到成年。

90% 的抽动症和神经系统发育和压力有关。

这位妈妈给孩子的压力超过了他的承受能力，虽然孩子很愿意配合妈妈的指令，但是身体已经出现反抗，出现了抽动症状。

/解决方案

孩子得了抽动症怎么办？

1. 家长要注意调节自己的心理状态，避免过于焦虑。

停止批评责罚，用轻松幽默的方式与孩子相处和沟通。

2. 创造宽松的环境。

不要给予孩子过多的压力，对孩子的期望值适当降低。

3. 适量运动。

适当运动，但不要过度运动，以避免过于疲劳，尽量避免感冒，这些都会加重抽动的症状。

4. 有条件的家庭，可以让孩子参加一些促进神经系统发育的训练。

这位妈妈按照我们的建议,调整自己的教育与沟通方式,在饮食和运动方面也做了些改变。

现在孩子的情况有很大的改善,不再有上面这些现象了,已经顺利地回到了学校上课。

如何看待孩子的厌学情绪

/ 案例

之前我接了一个家长的电话,电话里家长的声音显得特别焦虑。

她说:"我的孩子上二年级,这次疫情期间在家上网课,我一直陪着他学习,他还挺开心的。一开学没几天,他就说不想去上学了。问他为什么不愿意上学,他也不肯说。现在每天早上上学都很不情愿,多说他两句就哭哭啼啼。每次送到校门口磨磨蹭蹭不进去,没办法只能让老师来门口接。"

她接着说:"我跟学校老师沟通了,老师说孩子和同学们相处得还不错,就是反应有点儿慢,课堂作业总是不能按时完成,并且字迹不端正、错误多,其他也没什么。老师,你能不能和孩子谈谈,看看他心里到底是怎么想的?"

我和这个孩子聊了聊,了解到他从上学开始,就特别不喜欢写作业，他写字的时候特别费力，写一会儿手就酸了，好不容易写好的字，却被老师和家长说不合格。

他说他最大的愿望，就是希望老师不要布置太多的家庭作业。之前在家上网课，作业不多所以很开心。一到学校，作业一多，他的压力就变大，就想着如果不去学校，就没有这些烦恼了。

/ 分析

这样的案例不在少数。

很多厌学的孩子，并非是由于对学习不感兴趣，也不是因为性格中具有不能吃苦的品行，而是因为遭遇一些自身无法克服的困难，尤其是学习能力的落后，影响了学习的效率，进而有了挫败感。

一个孩子，如果他的各项学习能力发展水平达到同龄孩子的标准，或者是已经超出同龄孩子标准，他必定在学习当中表现出非常好的主观能动性，有比较好的学习兴趣，他的课业表现也会非常棒。

反之，如果一个孩子在学习能力方面存在着某一种或某几种严重的落后，那么对孩子的影响是长期的，久而久之，孩子就容易出现逃避的心理和行为。

/解决方案

那么,当孩子出现一些厌学情绪的时候,家长应该怎么办呢?

1.家长应避免简单粗暴,只从态度和习惯方面去归因孩子的行为,去解释孩子的行为。

我们看到孩子逃避学习的时候,不要下意识地认为是孩子的学习态度不好,或者认为孩子在偷懒。

如果我们这样归因,我们采取的措施就是批评教育责罚,给孩子施压,让孩子服从我们的命令,或者逼迫他学习,这样做只会加重他的厌学情绪。

我们需要优先考查孩子的学习能力发展情况,比如特别不太愿意写作业的孩子,我们要先看看他的视动统合能力怎么样,看看他的协调性如何。

如果孩子存在非常明显的协调性和视动统合能力的失调,那么他写作业和学习的时候就会比较累、比较慢。

这个时候我们帮他提升这方面的能力,当能力提高了,他能写得又快又好的时候,他厌学情况也就消失了。

有些孩子不爱读书,读得结结巴巴的时候,我们要考虑他的阅读能力是不是达到了年龄标准。

如果阅读能力达不到同龄标准,那么他阅读的时候就会特别辛苦特别得慢。

他读的时候经常结结巴巴、跳字漏字,经常读完以后不理解,他做到一些应用题或者阅读理解题的时候,就会不太喜欢,会觉得自己不能胜任,从而逃避相关的阅读任务。

如果我们只是一味地要求他每天多读,孩子最后会不愿意再读。

正确的做法是,我们考察他的阅读能力达到的标准,进行一些针对性的帮助。当孩子能够读得又快又流利,读完以后又能够很好理解内容的时候,我相信他对书本的态度就不会那么排斥了。

上面这个孩子不肯去学校的原因找到了,接下来我们就可以"对症下药"了。

实战篇

孩子懂事了,我也可以喘口气了

家长小陈,她儿子今年上二年级,是一个文静、慢热型的孩子。他自从入学后经常上课坐不端正,走神儿,作业拖拉、粗心,阅读时会跳字漏字,写字不工整,怎么练都没有用,小陈用了各种奖励和鼓励的方法都只能奏效一时。

最烦恼的是他比一般孩子更容易有情绪,还不容易缓解。为了处理他的情绪,小陈和他一起学情绪管理,但是收效甚微,还是经常要花很多时间和精力在处理情绪上面,处理完情绪就没多少时间写作业了,更别说课外阅读了。

其实孩子现在的问题追溯到学龄前是有端倪的,只是那时学习压力不大,也想着孩子大一点会好,而实际上孩子大一点了,问题只是换一个形式表现出来,其实质没有改变。

看着孩子不能顺利完成学习任务并且开始厌学,面对学校老师的反馈,小陈感到非常有压力,她迫切需要一个真正能帮助到孩子的办法。

他们按老师的建议每天都训练，大约十次下来，孩子的成熟度明显提升，跟他讲道理他终于能听懂了，服从性好很多，也能察觉别人的情绪，没有那么自我了。小陈感到一阵轻松，儿子终于懂事了！

后来他们每周保持三次训练的频度，让孩子把积压在肠胃里的情绪发泄出来。虽然她已有心理准备，但孩子的反应还是挺大的，让她有点儿震撼。他显得很烦躁，牢骚不断，发了很大的脾气，还会做出想打小陈的样子。

小陈发现孩子发脾气时的言语动作像极了家长平时对他的样子，这也让她对"孩子是父母的一面镜子"这句话有了进一步的认识。孩子把情绪发泄出来之后，吃饭睡觉都有了明显的改善。现在一碗饭很快就吃光了，不吃荤菜的情况也逐渐好转。

第一期的训练还在继续，孩子的能量增加了，整体活力提高，上课有能力坐端正了，专注的时间也比以前长，写字开始有笔锋了，配合计时器做时间管理，作业速度快了，作文也能写出比较通顺的句子了，情绪也比以前稳定很多，已经很少在这方面花费时间和精力了。

学习能力和适应性的提高增加了孩子的自信，让他追赶同龄人的脚步轻快许多，也让做家长的得以喘口气，有心情有时间去感受一下生活的美好。孩子为什么会这样，原因固然重要，能够改善的时机更值得把握。

坚定的路，一个妈妈8年的心路历程

我的家长小李，她有一个比较特殊的孩子，现在8岁了。小李怀着宝宝的时候，就出现种种状况：妊娠期糖尿病、低血压、严重呕吐……好不容易宝宝出生了，又经历种种困难。

就这样，孩子一天天地长大了，小李慢慢发现孩子不怎么找其他孩子玩，语言能力也不好，一直以为随着孩子的长大会好的，结果到了5岁还是这样。

幼儿园毕业了，孩子的各项状况不是很好，老师也建议能否想想办法让孩子再重新上一年大班，但都没有能上成，他们只能硬着头皮去小学报名上一年级。

晚上看着孩子沉睡的脸庞，她会问自己："为什么我会给孩子带来这么多伤害，生下这个孩子后悔吗？"

如果连自己都不去关心和帮助孩子，那么孩子还有机会可以成长，去适应这个社会吗？

孩子一年级刚开学，班主任就找小李谈话，建议他们办理随班就读。小李没有同意，因为她不想一下子就让孩子的人生轨道就在此偏移。

结果在上半学期，孩子就出现了各种情况。比如上课不听讲、破坏课堂纪律、随意走出教室、找不到人、课堂作业不做等。回家后又要补做课堂作业又要做家庭作业，孩子写作业拖拖拉拉，每天到晚上 12 点还是完成不了。

就这样周而复始，老师基本每个星期都要找家长谈话，到后来就直接建议他们考虑特殊学校。

这时候，小李经由一个做医生的朋友介绍找到了精神卫生中心的张主任，重新确诊孩子的问题，这次的答案是，孩子患有注意力缺陷型多动症，也就是 ADHD。在医生的建议下，开始服药。

本来以为就像医生说的那样，吃了药以后孩子会好点儿，症状会变好。但孩子服药后并没有任何好转，反而身体变差了，手脚冰凉、脸色发黄、食欲不振。

家长看在眼里疼在心里，想着这都是为孩子好，哪怕看到孩子不是很舒服，也还是坚持让他服药。

下学期开学没多久，孩子的问题越来严重，家长感觉已经影响到他的心理健康时，经过讨论决定给孩子办理休学，让孩子有缓冲的时间，也可以有充足的时间去做培训。

同时因为医生说孩子在服用药后有不良反应，不适合再继续服用，也把药给停了。

在老师的建议下，小李带孩子去上海做免疫球蛋白4项检测，看是否对某些食物有过敏反应。结果出来后，医生要求家长给孩子禁食，尽量不吃和少吃有过敏反应的食物。

孩子有了进步，发脾气的次数减少了，相对能听进去话了，语言能力也有所提高了，会找小朋友玩耍了，会简单地拍拍球、跳跳绳了。

后来小李给孩子办理了复学，但没多久本来变好点儿的孩子又像去年那样状况百出，家长累孩子苦，小李甚至打算放弃。

但小李思前想后还是放弃了原来的决定，还是送孩子去上学。经过与学校的协商，获得了陪读的机会。

现在有爷爷在学校陪伴着，孩子有了安全感，当孩子专注力不行时，爷爷也会提醒他。据爷爷回家反映，孩子现在有时会主动举手发言了，老师对孩子的态度也慢慢好转了，有的同学也会主动找他玩了，现在能在学校主动把课堂作业做完了。

虽然孩子写家庭作业还是拖拖拉拉，但相比之前情况好转太多。老师发了一份试卷让孩子回来做，他居然提出不用家长陪，要自己做……

这些变化，小李一家看在眼里，甜在心里。虽然孩子还有其他各种各样的问题存在，但她相信只要他们坚持下去，孩子会好的。

后来，孩子在月考考出了相当好的成绩，老师对孩子也开始刮目相看。

"我的孩子从学困到学霸的逆袭之路"

花姐的宝宝是个聪颖的孩子,刚出生一个月的时候眼睛就能捕捉移动的物体了。后来花姐去上班,就将他送到了托儿所。

由于是财务部门的主管,平时工作忙,加上公司信息化改革,花姐的工作量和工作压力都不小,所以几乎没有时间陪孩子。

直到孩子上了小学一年级,班主任和几个任课教师频频向花姐反映孩子的问题,她才意识到问题的严重。孩子上的学校属于教学质量比较好的,老师对孩子的要求也非常苛刻,这让他的问题更加突显了。

迫于压力,她只好辞职在家带孩子。

刚开始,花姐信心满满,觉得只要一个月就能把孩子的坏习惯纠正过来,进而提升他的学习成绩。后来实践证明她的想法是错的，由于上幼儿园的时候错过了学习习惯和思维能力的培养时机，造成了孩子比同龄孩子在习惯和思维方面落后许多。后来他们咨询了多位专家，专家建议他们带孩子做系统训练。

训练团队根据孩子的医院诊断证明，以及之前做的全套评估的结果，给孩子制订了一套系统严谨的训练方案。

花姐说："实践证明，我们的选择无比正确。经过了近一年的专业训练，孩子的习惯和行为都有了明显的改善。"

孩子学习自觉了，她省心了不少，有了充裕的时间可以做自己想做的事情了。

现在花姐有了自己的小公司，每天也都非常忙碌。更重要的是，孩子的表现和学习成绩一天比一天好。

"我终于可以做个省心的妈妈了!"

小婷的孩子从小就跟别人不一样,不爱吃东西。孩子仅仅在 16 个月的时候叫了一下"爸爸""妈妈",以后再也没有说过话。无论小婷怎么教,怎么逗他,他就是不理睬人。

看遍了当地所有的医院,也没查出来什么,小婷问医生:"孩子是不是有自闭症?"医生说:"小孩子挺活跃的,哪里有什么问题,建议你多跟小孩讲话。"

后来中医院的医生说:"小孩的问题是扁桃体肿大造成的,要开刀才能解决这样的问题。"

吓得小婷赶紧带孩子到权威医院的耳喉鼻科去看,结果医生说:"没有问题,这么小的孩子,最好不要做手术,因为孩子长大后扁桃体肿大的情况会有所好转的。"

结果,到孩子 5 岁的时候,自然就开口讲话了,吃饭也正常了。于是带孩子去医院看,结果医生说没什么大问题,这就是孩子说话早晚的事。小婷心想，问题都解决了，该顺风顺水了。

可到了上小学的时候，新的问题又出现了。孩子不肯写作业，上课注意力不集中，经常自说自话地走出座位，老师跟他讲话他也不理睬，体育课上，绳也不会跳，球也不会拍，天天被留堂，天天被老师告状，说："你的小孩跟别人的小孩不一样，什么都不好。"

老师建议她带孩子去儿童医院做个全面检查，结果检测出来发现孩子的感统、词汇量和注意力都不行。

小婷问医生："有没有补救的方法？"医生说："没有，孩子大了。"感统不行会对学习造成影响，知道诊断结果的时候，小婷的心情跌到了谷底。

后来同学的家长介绍他们找到我，我发现小孩情绪不稳定，感统、注意力和词汇量等方面都需要培养和增强。

于是便开始了系统训练。一开始训练的效果并不明显，但过了一段时间后，家长发现孩子的话变多了，还会用形容词来表达了，回答问题不再是简单的"是"或"不是"，在家里也能和家长争辩，在学校里也能跟同学介绍自己看的电影，上课能举手发言了。

现在孩子第二期的训练也已经开始。看着孩子每天的进步，家长真是开心极了。

"我一直悬着的心,终于落下了"

小莉的孩子阳阳,今年 9 岁了,从小就跟其他同年龄段的孩子不同,特别能吃,长得也壮实,但就是在该说话的时候,不会说话。两岁多了,就只会喊"爷爷"。

阳阳从小跟爸妈在一起的时间少,小时候都是外公外婆带的,后来为了工作,也为了能跟他多点时间在一起,就交给爷爷和奶奶带了。爷爷奶奶有文化,在一起之后能引导孩子,慢慢地,孩子话也多了,性格也活泼了。

现在回想一下,孩子缺的是教育和引导他的人。阳阳上了幼儿园,学校老师也反映他是个活泼好动的孩子。但接下来发生的事情却开始让家长头疼了。

第一天上学,班级孩子都哭,唯独他不哭,还去安慰别的小朋友,那个时候应该还蛮讨老师们喜欢的。也就是从那天起,他对学校所有老师都不惧怕了,上课会自说自话地走出教室；在午休时间，别人都睡觉，他却不睡，还影响别的小朋友休息。

他每天的精力特别旺盛，慢慢地，家长开始接到老师电话："你家孩子在学校不听课"，"上课跑出去啦"，"孩子不睡觉"，等等。

小学开学后，兴奋的孩子步入了小学的课堂，他很开心自己可以当小学生了。家长的心又悬起来了，小学可不比幼儿园，要开始正式学习了。

让她担心的事还是发生了，老师打来电话说："孩子上课突然跑出去玩，课堂作业不做。"

家长的心里感到很烦躁："我的孩子怎么这样？我每天也很郁闷，工作都想着他在学校怎样。"

因为他在学校不乖，在家不肯写作业，每次都是在吼的情况下他才完成作业。慢慢地，她感觉自己有好大的压力，天天度日如年。

和老公的商量后，他们带着孩子来到了医院做各项检查和测试，得出的结果是孩子得了多动症。

当时她感觉天快塌了！

但不管怎样，她还是根据医生给的治疗方案，以及我给她的建议，对孩子的教育做出了及时的调整。

暑假两个月过去了,孩子最大的变化是脾气不暴躁了,变得听话多了。

孩子上二年级了,家长又忐忑地把孩子送入学校,她怕接到老师电话,怕他在学校不乖。可是在接下来的一个礼拜中,孩子竟然得到老师的表扬。

老师说:"孩子很听话,上课举手回答问题,也能及时把作业做完。"这些变化真是让家长感到欣慰。

从医生口中的"多动症"孩子到积极向上的好少年

在外人眼里,爸妈优秀,孩子也不会差到哪儿去。别人经常会说小吴家的孩子肯定聪明伶俐,可他们的难言之隐有谁知道呢。

孩子从上幼儿园开始表现一直不太好,上课不爱听老师讲课,经常自说自话,学东西总比别人慢半拍,而且运动协调性也不好。

特别是上了一年级以后,这种情况愈发严重。晚上做作业总是要家长陪着,难以一个人完成,注意力集中的时间特别短,考试总是考不到理想成绩,和小吴一家的期望值相差太远了。

有一次,小吴在网上搜了一下孩子的情况,觉得孩子现在的表现跟多动症的症状很相似。

于是她带孩子去医院检查,医生告知孩子得的就是多动症,吃了几个疗程的药,但并没有什么效果。

钱花了不少,药吃了很多,但是多动症的症状一点儿都没有改变。那个时候,小吴有点儿想放弃了,心想随孩子去吧,可能大了会好的。

一转眼,孩子上六年级了,成绩越来越不好,面临着小升初,但是孩子这种情况怎么可能考得好呢?果然,毕业考试成绩很不理想。

她找到我,我给她建议后,她改变了教育方法。

现在到了初一,孩子的注意力完全可以超过一节课的时间,做作业不再要家长监督,可以很自觉地完成所有作业,而且质量也很高,在学校里每次考试默写的成绩也有了很大的进步,受到了老师的表扬。

孩子在学校结交了许多好朋友,喜欢跟同学一起运动,打篮球、踢足球,他的自信心也提升了不少。孩子越来越优秀,家长也越来越放心,这样的好少年,谁不喜欢呢?

用时间管理，孩子完成作业更快了

刘小姐生孩子的时候很不顺利，先是打了催产针，后又剖宫产。当时医生说怕时间长了对孩子不好，要赶紧剖宫产。所以，她觉得这就是孩子现在注意力不集中的主要影响因素。

上幼儿园之前，她并没有发现有什么异常，孩子很健康，会自己玩，不哭不闹，每天都乐呵呵的，很可爱。

上幼儿园中班的时候，老师说孩子上课坐不住，中午也不睡午觉，当时的她只以为是孩子精力太旺盛，没有太在意。

可是到了大班，老师反映他上课我行我素，坐不住。老师在教孩子们唱歌时，他却自己跑去画画、看书或者玩玩具，根本不按老师的指令去做。经常要一个阿姨专门陪在他旁边告诉他要坐好，别乱动。

老师说："这样上一年级肯定是不行的。"建议她带孩子去医院做一下检查，看是不是有多动症。听了老师的话，她当时真的很痛苦，担心孩子无法像其他孩子一样正常学习。

于是她就带着孩子去儿童医院去做检查，最终，医生确诊孩子有中重度的注意力缺陷。医生建议她找专业人士，做这一方面的训练。

他们做了两期训练——感统训练和读写训练。做完一期的时候，孩子的情况就有所改善。

做完一期的训练后，孩子就升一年级了。当时刘小姐担心孩子上课坐不住，听不进去，还好情况没有她想象得那么糟糕。

虽然老师还是会跟她说孩子上课注意力不集中，但刘小姐心里知道对于他的孩子来讲，这已经是很大的进步了。

孩子期末考试两科成绩都在98分以上，这让刘小姐很欣慰。但孩子的视动统合不好，有近400度的散光和200度的近视。所以他写作业总是写不好，字迹潦草，不爱写字，写作业拖拉，经常停顿，发呆，害怕写作业⋯⋯

孩子现在上三年级，三年级的作业量很大。每天孩子放学回来，家长先给孩子拟订好作业计划；对每项作业进行时间管理。多鼓励孩子，表现好时给他适当的奖励，让他更有动力去完成作业。

坚持了一个月的时间之后，发现孩子写作业的积极性提高了，写作业拖拉、发呆的现象也明显减少了，在孩子提前完成作业时，刘小姐还会给孩子表扬和鼓励，进而孩子也比以前更有自信了。

期待：儿子变得越来越好

周姐的孩子今年 8 岁，孩子说话比较晚。孩子能够开始连贯说话是在四五岁的时候，那时候他们都认为孩子越晚说话越聪明，所以就没当回事儿。

由于工作忙，孩子比较乖，他们就没有过多地去关注孩子。上幼儿园的时候，老师说："孩子很好，就是内向。"

直到小学一年级，学校老师经常跟周姐反映孩子上课不听讲，老师讲课他经常插嘴，上课坐不住，要一直在教室里走来走去，她才逐步意识到问题的严重性。

迫于学校的压力，她辞职在家带孩子。刚开始她认为孩子只是简单的行为习惯问题，想着自己好好教教他就能改正过来。一段时间下来，她发现孩子还是老样子。

后来他们就想是不是孩子生理方面出现了问题，所以就带孩子去了医院，结果医生说孩子身体挺好的。

由于小时候孩子爬得少，他们就在想是不是感统不好，就又带孩子去医院做感统训练，可是效果并不好。

当天下午，孩子放学后，周姐就带孩子做了全面的测评。测评结束后老师和她详细解读了孩子目前的情况，并根据孩子的测评情况制订了相应的课程。

十次课结束后，孩子并没有多大的改变，周姐心里很着急，就找了老师沟通孩子在这里上课的情况。

老师说："给孩子一点儿时间，给教师团队一点儿时间，慢慢会看到改变的。"

就这样，周姐怀着期待的心情一次次送孩子来上课，发现孩子在渐渐变好。

原来一直要玩，不肯写作业，现在不但肯写作业了，还主动跟家长说要去补习班补课。

以前上课不听讲，现在上课肯认真听讲了。以前说话比较少，说话逻辑也不怎么好，现在说话慢慢变多了，有想要跟别的小朋友沟通的欲望，说话也变得有逻辑了。

以前听不懂老师讲课，现在理解能力变好了，能听得懂老师讲课了。

以前语文有时不及格，现在语文能考九十几分，其他科目的成绩也有了很大提升。

三年见证：一个补习班老师分享孩子们的改变

况老师是一名来自一线的补习班老师，在教育前线工作了好几年。

2014 年，补习班来了一名四年级的男生——小鑫，因为做事磨蹭，让父母头疼不已。他平时做家庭作业经常做到晚上 10 点、11 点，父母在无奈之下将他送到了况老师的补习班，希望她能帮助孩子。

孩子来了以后，况老师观察他其实不是因为不会写作业才慢吞吞，而是在写作业的过程中注意力不能集中而导致写得慢。

后来在一个朋友的介绍下，况老师了解了情况，发现它的听力训练能够很好地改善注意力问题。于是，她带着孩子和他的父母们一起找到了我,给孩子做了一期训练。

小鑫在做过一期训练之后,就能静下心来写作业,速度和质量都有了很大的提高,并且在一次次学校的考试中成绩不断提高,能达到班级的前十几名。

今年暑假,况老师的补习班来了一个让父母头疼不已的小朋友——陈晓,一个典型的有多动症的孩子。

这个孩子动不动就哭,动不动就往家里跑,和同学之间相处也不是很好,经常和同学玩着玩着就生气了,不跟别人玩了,搞得大家和他玩也玩不开心。

暑假的时候,陈晓听了一期课。在听的过程当中,差不多一个星期左右,况老师就观察到孩子脸上露出了发自内心的笑容。

在训练的过程当中,陈晓从以前的排斥读书、写作业,到能够按照老师的指令完成读书写作业的任务。然后再到后来主动做课外作业。

他的这些情况,让况老师和他的家人感到十分高兴。陈晓的学习成绩也在稳步上升。

因为有了这些亲身见证,况老师决定不再单纯地给孩子们补课了。

因为找到孩子们学习落后的根本原因之后，去解决这个最根本的问题，才是对症下药。

所以，况老师现在也决定在这一个领域好好做。她希望多帮助孩子们，让每个孩子都能开心地学习，开心地度过他们的童年。

附录

注意力问题家长自评量表

请根据孩子六个月内的表现回答：

第一项：注意力不集中	有	没有
1. 在完成学校作业或其他任务时，经常不能密切注意细节，或者经常犯粗心的错误；	☐	☐
2. 在游戏和完成任务时，难以集中注意力；	☐	☐
3. 经常不听或不理睬别人对他的讲话；	☐	☐
4. 难以遵守其他人的指令，或者不能完成学校的作业、值日等琐碎的任务；	☐	☐
5. 经常难以对任务和活动进行组织；	☐	☐
6. 在要求付出心理努力的学校课业和家庭作业方面，经常难以投入；	☐	☐
7. 经常在家中或学校丢失与学习有关的物品；	☐	☐
8. 易被当前无关的刺激所分心；	☐	☐
9. 在日常活动中经常丢三落四。	☐	☐

第二项：多动/冲动	有	没有
10. 在座位上经常手脚动个不停；	☐	☐
11. 在被要求坐好的场合或上课时经常离开座位；	☐	☐
12. 不合时宜地乱跑乱攀（青春期后，表现为主观感觉上烦躁不安）；	☐	☐
13. 在游戏活动中经常难以安静地参加或投入；	☐	☐
14. 常处于活跃状态，身体里像"装了马达一样"；	☐	☐
15. 经常话很多；	☐	☐
16. 当所提问题没说完时就开始抢先回答；	☐	☐
17. 轮流时，经常难以等待；	☐	☐
18. 经常打断或打扰他人（例如：插嘴或打断别人的游戏）。	☐	☐

自测结果释义：

第一、二项均>6：

您的孩子可能有较严重的注意力问题，并且已经影响到孩子的学习、人际交往和日常生活，为了孩子能够正常学习和生活，强烈建议您到专业的机构接受矫正训练。

第一项>=5 或者第二项>=5：

您孩子可能存在注意力问题，建议您到相关机构进行专业测评，并接受相关训练。

附 录

儿童学习能力家长问卷

请根据孩子六个月内的表现回答:

一、书写能力:	有	没有
1. 写字常缺一笔、多一划,部首张冠李戴	☐	☐
2. 仿画时经常出现错误、线条歪斜,比例位置不正确	☐	☐
3. 执笔姿势怪异,用力太重或太轻,写字超出格子外	☐	☐
4. 作业时间拖得太长	☐	☐
5. 不善于手工或美术	☐	☐
6. 写字时常偏向一侧,有时需转动纸张的角度来绘画	☐	☐
7. 时常忘记计算过程的进位或错位	☐	☐
8. 将数字抄错、遗漏或前后顺序颠倒	☐	☐
9. 竖式计算中,个位、十位、百位排列不正	☐	☐
10. 答题空间内时常写不下或太拥挤	☐	☐

二、听讲能力:	有	没有
11. 说话重复、缺乏条理,没有逻辑	☐	☐
12. 发音不准,如"t"、"d"、"k"、"g"不分	☐	☐
13. 不爱说话,答非所问	☐	☐
14. 对口头交代的事情常弄不清楚	☐	☐
15. 不能专心听讲,注意力短暂	☐	☐
16. 记不住一连串的声音或指令	☐	☐
17. 背书显得困难	☐	☐
18. 英语听力失分多	☐	☐

三、阅读能力:	有	没有
19. 学习拼音困难,搞不清"b"、"d",不分四声	☐	☐
20. 认字与记字障碍重重,刚学过的字很快就忘记	☐	☐
21. 经常搞混形近的字,如把"视"与"祝"弄混	☐	☐
22. 经常搞混音近的字,如"幕"与"慕"	☐	☐
23. 错别字连篇,写字经常多一划或少一笔	☐	☐
24. 听写成绩很差,按课文内容填空错误多	☐	☐
25. 朗读时增字、减字,读错字,跳行	☐	☐
26. 朗读与背诵可以,但对内容不理解,回答问题困难	☐	☐
27. 爱做数学计算题,不爱阅读和学习语文	☐	☐
28. 语言表达能力不错,但写作文很枯燥	☐	☐

自测结果释义:

符合给1分,不符合0分,如果在某一项或在多项下各超过4分,请到专业机构进行评估。

参考文献

1. 刘翔平. 分心不是我的错 [M]. 上海：华东师范大学出版社，2006.

2. 刘翔平. 紧急援助学习障碍儿童 [M]. 沈阳：辽宁少年儿童出版社，1998.

3. 刘翔平. 儿童注意力障碍的诊断和矫正 [M]. 北京：同心出版社，2002.

4. 市川宏伸. 解析儿童多动症 [M]. 胡静敏译. 沈阳：万卷出版公司，2009.

5. 爱德华·哈洛韦尔，彼得·詹森. 分心的孩子这样教 [M]. 丁凡译. 太原：山西教育出版社，2011.

6. 苏林雁. 多动症儿童的科学教养 [M]. 北京：人民卫生出版社，2008.

7. 文森特·莫那斯特拉. 家有顽童 [M]. 雷秀雅，杨阳，葛高飞，译. 重庆：重庆大学出版社，2009.

8. 劳特，施洛特克，瑙曼. 儿童注意力训练父母手册 [M]. 杨文丽，叶静月，译. 成都：四川大学出版社，2006.

9. 克里斯托弗·格林，姬特·齐. 多动儿童正面教养 [M]. 张科译. 海口：南海出版公司，2015.

10. 凯瑟琳·纳多，艾伦·迪克森. 我要更专心 [M]. 汪冰译. 王玉凤审校. 北京：化学工业出版社，2016.

11. 韩纳馥. 唤醒童心 [M]. 何兆灿，蔡慧明，译. 北京：中国人民大学出版社，2009.

12. 许姿妙. 病是教养出来的 [M]. 北京：海豚出版社，2014.